Elas

J.-B. Pontalis

Elas

Tradução:
Lidia R. Aratangy

PSI
PRIMAVERA
EDITORIAL

J.-B. Pontalis

Jean-Bertrand Pontalis, membro da Association Psychanalytique de France, é autor de numerosos ensaios e textos.

Foi durante 25 anos o responsável pela *Nouvelle revue de psychanalyse* e, nas Éditions Gallimard, dirigiu duas coleções: Connaissance de l'Inconscient e L'un et l'autre.

Sumário

Meu cinema

Micheline Presle, loucamente apaixonada, mas nunca diabólica, em *Le Diable au corps*[1]. E na cena do baile do 14 de julho de 1914, no filme de Abel Gance *Paraíso perdido,* um tanto melodramático demais.

Paulette Godard, correndo na rua, roubando bananas, com um vestidinho preto rasgado (*Tempos modernos* de Chaplin).

Katharine Hepburn, por sua vivacidade, sua ironia, mas com um corpo anguloso demais, voz de falsete – uma pena.

Cyd Charisse, suas longas pernas, tão longas que deslumbravam todos os homens (todos, é isso que me incomoda).

Romy Schneider, seus olhos sorridentes, sua imensa tristeza mal disfarçada.

Mireille Balin, muito esquecida hoje em dia, a mulher fatal que tanto fez sofrer Jean Gabin, o belo sipaio, em *Gueule d'amour*[2], quando ele era apenas um civil comum.

---

1 Filme de 1947 dirigido por Claude Autant-Lara, com Micheline Presle e Gerard Philipe. Em português se chamou *A adúltera.* (N. do T.)

2 Filme de 1937 dirigido por Jean Grémillon. (N. do T.)

Anouk Aimée, inesquecível como Lola de Nantes.

Kim Novak em *Picnic*[3], já não me lembro por quê, mas reencontrei seu rosto no rosto de L., que amei e perdi.

Ginette Leclerc, um tantinho vulgar, Vivianne Romance, sensual, Arletty, maliciosa, quando calçam ou descalçam suas meias de seda.

Suzy Delair, esperta, mas boa menina, e sedutora quando canta: "*Danse avec moi, profitons de l'accord qui règne entre nos corps...*"[4] Um péssimo dançarino tem sua revanche nos movimentos lentos.

Simone Simon, selvagem em *Lac aux dames*[5] e perversa em *A besta humana*[6].

Danielle Darrieux, pela canção que ainda hoje me provoca arrepios: "Ah! Como deve ser doce e perturbador o momento do primeiro encontro..." (*Primeiro encontro*[7] é o título do filme de Henri Decoin, de uma rara ingenuidade.)

Maria Schell, de olhos claros, mas santa demais, vítima demais em *Gervaise*[8].

---

3 Filme de 1955, dirigido por Joshua Logan. Em português, recebeu o título de *Férias de amor*. (N. do T.)

4 "Dance comigo, aproveitemos do acordo que reina entre nossos corpos..." Trecho de uma canção de André Hornez e Francis Lopez, gravada por Suzy Delair em 1947. (N. do T.)

5 Filme de 1934, dirigido por Mar Allegret. (N. do T.)

6 Filme de 1938, escrito e dirigido por Jean Renoir, baseado no romance de Émile Zola. (N. do T.)

7 Filme de 1941. (N. do T.)

8 Filme de 1956, dirigido por René Clément. (N. do T.)

Andie MacDowell em *Quatro casamentos e um funeral*. Um sonho: ter tido a sorte de Hugh Grant.

Julianne Moore, todos os seus filmes, não apenas *As horas*. Sua ternura, seu desespero, suas sardas.

Sylvia Bataille em *Passeio no campo*[9] de Renoir, a cena do balanço e, principalmente, a maravilha das maravilhas, a cena em que ela, deitada na relva, se abandona àquilo que lhe acontece de repente, que a surpreende, a invade: esse prazer que não tem nome.

E depois, depois muitas outras, que não quero chamar de atrizes, menos ainda de comediantes, tão luminosas nas salas escuras, conhecidas de longe nos diversos momentos da minha vida.

Bem que eu gostaria de ter feito cinema!

9 Filme de 1936. (N. do T.)

Romanescos

Com 12 anos, eu lia *Os três mosqueteiros*, deitado no chão do meu quarto. Aí conheci Milady e Constance Bonacieux. O estigma infamante da primeira me fascinava, a encantadora vendedora me parecia menos atraente.

Com 16 anos, debaixo de uma macieira no jardim de Cabourg, eu lia *Os Thibault*, durante as longas férias de verão. Como Antoine, fui seduzido pela sensualidade de Raquel e, como Jacques, eu me aproximava e me afastava de Jenny, com seus humores flutuantes. Eu teria me casado com ela.

Com 18 anos, no meu quarto de hotel, eu lia *O vermelho e o negro*. Sonhava com a doce Mme. de Rênal, e não tinha certeza de conquistar a intrépida Mathilde de La Mole.

Com a mesma idade, e no mesmo quarto de hotel de onde eu via correr o Sena, eu lia *A educação sentimental* e me perguntava por que não tinha tido a chance de encontrar Mme. Arnoux no *bateau-mouche*, que eu tomava às vezes. Frédéric Moreau também tinha 18 anos. Como ele, também eu lamentei que "o universo tinha acabado de se expandir de repente" (o meu era tão estreito). Como ele, eu poderia ter gritado bem alto: "Marie!", e minha voz se perderia no ar.

Eu ia esquecendo *Fermina Márquez*. No entanto, como eu desejaria acompanhar Ferminita no jardim do colégio, e suplantar esse Santos exibido! Com certeza Mama Doloré seria minha aliada.

Muito mais tarde, li as novelas de Henry James: *A fera na selva, O banco da desolação*. O segredo de James: seu medo das mulheres? Seu pavor do casamento, essa armadilha da qual é impossível libertar-se? A não ser que o segredo resida na própria mulher. Um segredo inacessível, que não para de se dissimular.

Vê-las nas pinturas

Em Belle-Île, onde durante anos passei minhas férias de verão, algumas praias de difícil acesso, na costa selvagem, eram frequentadas por nudistas. Muitas vezes, lá se viam jovens muito bonitas. Eu as admirava, mas ficava indiferente – relativamente – ao que elas ofereciam ao meu olhar. Não me excitavam. Não mais do que as fotografias de mulheres nuas, enquanto certas pinturas de nus femininos podiam suscitar em mim uma emoção e uma perturbação inegavelmente sexuais.

Eu me lembro de um longínquo dia quando, visitando o Museu Fabre de Montpellier, não pude evitar, depois de ter parado diante de um nu feminino visto de costas – ah, essa reentrância, essa curva na virada dos rins! – de arrastar minha companheira para o nosso quarto do hotel, felizmente situado perto, movido por um desejo que exigia ser imediatamente satisfeito. Esperta, minha companheira, que não era boba, adivinhou qual era a origem de minha excitação. Fizemos amor como nunca. Esquecida, a pintura, esquecidos, todos os museus do mundo! Corpos, línguas, sexos, peles úmidas (intenso calor) que se tocam, se confundem, palavras ternas ou grosseiras ou cruas que trocam os amantes, é realmente outra coisa!

A sesta que se seguiu foi deliciosa. Acredito até que foi acompanhada por sonhos leves, de imagens eróticas, como se não quiséssemos perder de vista que a fonte de nossos transportes amorosos era certo quadro do Museu Fabre.

A questão se impõe: por que eu sinto a presença carnal mais nas imagens de nus femininos das pinturas do que nos corpos desnudos de nossas praias? Por que aquilo exerce tanta atração sobre mim? E o que será que, ao longo dos séculos, atraiu aqueles que pintaram essas mulheres?

Salvo as mulheres de Rubens, decididamente gordas demais para o meu gosto – coxas enormes, ventres flácidos –, essas mulheres me fascinam, me perturbam por estarem ao alcance do meu olhar, mas não de minhas mãos. Tenho vontade de agarrá-las, às vezes elas me assustam e fujo. Acontece de achá-las demasiado ideais, então me limito a contemplar sua beleza, ou de achá-las tão magras, tão descarnadas, que me parecem próximas da morte; então eu me viro e me apresso a alcançar a rua, para aí cruzar com mulheres cobertas por suas roupas. Elas me ignoram, e eu me tranquilizo.

Todo o amplo espectro do erotismo, em suas mais diversas modalidades, está representado nas pinturas – representado, ou, em outras palavras, ao simultaneamente se fazer presente e se manter ausente, pois, para nós, essas mulheres permanecem intocáveis; todos os corpos também, em suas múltiplas formas: corpos esbeltos ou cheinhos, lânguidos ou sedutores, indiferentes, provocantes. Há aquelas que se oferecem, as que se recusam, as coquetes, as sedutoras, as venais, as penitentes e as lésbicas. Lá estão o *boudoir*, a cama, o sofá, o harém e o bordel. Há aquelas que fazem pose e as que são surpreendidas em sua intimidade.

Será que o pintor, esse incansável *voyeur* (para começar, as Belas-Artes, os ateliês e os modelos, a questão dos exercícios, de aprender o ofício...), é quem nos transforma em *voyeurs* impunes?

Em cima de minha mesa, esse grande livro dedicado a Bonnard. Eu o abro. De página em página, descubro Marthe. Aprendo que ela foi pintada cento e quarenta e seis vezes, está em setecentos e dezessete esboços dos cadernos de Bonnard. Raramente o pintor nos desvela o rosto de Marthe (talvez não fosse muito bonito), que fica escondido por seus cabelos. Ele muitas vezes nos mostra Marthe em posições pouco favoráveis: agachada na banheira, curvada para lavar os pés; mesmo na água verde do banho, ela mais parece entediada, doente (o que realmente era), do que alguém que sonha com um amor louco.

Imagino que a necessidade irresistível e permanente que sentia Bonnard de pintar Marthe, de pintá-la mais e mais, a cada vez como se fosse a primeira, de pintá-la nua, vinha do fato de que, mesmo nua, ele nunca conseguia apanhá-la inteira: a moça entediada, que era aliás uma grande mentirosa, guardava seu segredo. Era ela que se mostrava possessiva, ao longo dos anos em que a relação durou. É muito fácil ver em Bonnard o pintor da simples alegria de viver: os jardins, os reflexos de cores vivas, as mesas carregadas de frutas. Mas observem as fotografias que temos dele e vocês verão nelas, discretas mas presentes, as marcas da melancolia.

Quem chegou mais perto do segredo da mulher foi Courbet, com seu quadro *A origem do mundo*[10], desvelando, exibindo em primeiro plano aquilo que, antes dele, jamais fora mostrado, e que mesmo Lacan, que tinha adquirido o quadro, escondia com uma "capa" de Masson[11]. Mas Courbet só pode mostrar o que é visível: os seios, as coxas afastadas, os pelos negros, a fenda do sexo. Como tornar visível o invisível? Esse invisível, não é o interior, que não é o útero, esse quarto escuro de onde viemos. Seria esse prazer, do qual conhecemos apenas os sinais exteriores, na esperança de que não sejam falsos, mas que não somos sequer capazes de observar nem de pintar? Curiosamente, só os místicos e santos foram representados em êxtase pelos pintores.

---

10 Quadro pintado em 1866 pelo pintor realista francês Gustave Coubet (1819-1877), retratando um torso feminino nu, com o sexo exposto. (N. do T.)

11 Pintor e desenhista francês (1896-1987), um dos mestres do surrealismo. (N. do T.)

Deixando Bonnard, meu pintor preferido, eu me recordo, sem precisar consultar livros de arte, da *Vênus de Urbino*, de Ticiano, deitada em seu leito, uma mão escondendo ou acariciando o sexo. Outra Vênus, a de Giorgione, adormecida, com os olhos fechados, com a mesma mão pousada na junção das coxas; ou da *Ninfa na fonte*, de Cranach, que vi no Museu Thyssen, em Madri; ela também dorme, e sonha, não tenho dúvidas, com algum sátiro que saberá surpreendê-la e tomar posse dela.

E os pintores, do que querem eles se apossar, o que querem surpreender, ao pintar mulheres deitadas, sonhadoras, adormecidas, na ausência do homem? E todos nós, que nunca saberemos de que tratam o sono e os sonhos da mulher amada? Penso naquele que observava em vão Albertine adormecida, para saber enfim... Saber o quê? Aquilo que, nela, a transporta para além de si mesma.

À minha memória volta também a inumerável série de *Banhistas*. Também aí as mulheres são surpreendidas quando estão entre elas e se julgam ao abrigo de qualquer olhar. Surpreender Suzana, a "casta esposa"[12], ao se banhar nua no fundo do parque, convencida de estar só, livre da concupiscência dos homens. E são os anciãos, os velhos, que arregalam os olhos. Essa cena bíblica inspirou muitos pintores. Pergunta: se esses velhos fossem crianças movidas

12 Personagem bíblica, do Livro de Daniel. (N. do T.)

pelo desejo proibido de ver, de entrever, não seria, ainda que por um instante, *matrem nudam*[13]?

Já se foi a época em que a beleza, por tanto tempo encarnada pela nudez feminina, era celebrada. A beleza tornou-se suspeita: ela seria apenas a máscara do horror. É mentirosa. Nega a deformação, a degradação dos corpos, a decomposição, os ossuários. A beleza nega a morte. A verdade exige corpos machucados, aviltados, torturados, disformes. O culto da beleza, quando o desumano ganhou a batalha, é quase considerado crime.

Se esse diabrete que é Eros não desapareceu do universo dos pintores, ele foi desde então expropriado por Thanatos: haja vista Egon Schiele, cujas adolescentes, mal saídas da puberdade, já trazem inscrito aquilo que as aguarda, o desastre de um corpo fanado. O próprio encontro amoroso é representado como um coito animal: vide Francis Bacon. A mulher nua já não é um objeto de desejo, é tratada como coisa: vide Lucian Freud. Será que só lidamos com as desgraças da humanidade?

Rapidamente voltar a Bonnard, aos jardins, às janelas, aos jogos de luz. Vamos nos aproximar do se-

13 A nudez da mãe. O uso do latim é uma referência ao texto da carta que Freud escreveu a seu amigo Flies, em 1897. Há até hoje discussões a respeito do que teria levado Freud a optar pelo uso do latim ao descrever sua experiência infantil. (N. do T.)

gredo de Marthe, de Olímpia, da Maja, vamos nos aproximar das indiferentes, das provocantes, de todas essas mulheres deitadas que sonham com outra coisa, de todas essas belas adormecidas. Representadas em toda a sua nudez, vocês estão, para mim, mais que nunca, inacessíveis.

Toda a diferença

Uma das minhas grandes queixas: não ter tido uma irmãzinha. À noite, nossa mãe nos banharia juntos, eu teria podido constatar que um menino e uma menina não se diferenciam apenas pelas roupas e pelos brinquedos que preferem.

A "pequena diferença", eu precisei esperar para percebê-la. Foi na praia de Cabourg, eu tinha 6 ou 7 anos. A mãe tirava o maiô úmido de sua filha. Não durou mais que um instante, apenas o tempo de vesti-la com outro maiô bem seco e, para mim, apenas o tempo de ver pela primeira vez uma menina nua.

Não creio que eu tenha pensado, como o "pequeno Hans" de Freud, que lhe faltava aquilo que meu pai chamava coloquialmente de "*boutique*"[14], nem que lhe tinham cortado algo, menos ainda que eu corria o risco de me ver também privado desse precioso apêndice. Ao contrário, fiquei totalmente encantado com esse corpo liso, sem *boutique*, que deveria ser bem agradável acariciar. Eu tinha apenas entrevisto, embaixo do ventre, alguma coisa que não podia nomear, e que me perturbava: como uma linha discreta, uma leve dobra, uma fissura

14 "Boutique" é uma forma coloquial em francês para órgão sexual, tanto o masculino como o feminino. (N. do R.)

quase imperceptível... Mas logo a mãe, que percebera minha presença, tinha recolocado o maiô, recobrindo assim o mistério, o que fez com que ele se tornasse ainda mais atraente.

Que felicidade, que promessa de felicidade na diferença sexual? Que sorte as mulheres não serem feitas como nós, os homens!

Ser levado para fora de si pode enlouquecer, de cólera, de despeito; mas também nos permite ser atravessado por um desejo insensato de conhecer o amor louco – ou sábio, se é que isso existe.

Lamento Narciso. Tenho pena dos hermafroditas. Eles ignoram que a pequena diferença faz toda a diferença, que é ela que anima nossos corpos e, integralmente, todo o nosso ser.

Madame de S. e sua sobrinha Isabelle

Madame de S. era a jovem mãe de um garoto de cerca de 10 anos, para quem eu dava aulas particulares, quando eu era estudante, para ganhar algum dinheiro sem muito esforço.

— Concentre-se — eu repetia a meu aluninho, enquanto eu mesmo estava bem pouco concentrado naquilo que estava encarregado de lhe ensinar. Toda a minha atenção estava voltada para a mãe. De dez em dez minutos, ela entreabria a porta do quarto do filho, para ver se estava tudo bem, e nós respondíamos juntos, cúmplices, que sim, mamãe, sim, Madame, tudo estava muito bem.

Quando a aula acabava, Madame de S. me acompanhava até o vestíbulo. Ela se lamentava com voz doce:

— Dão deveres demais, lições demais para essas pobres crianças.

Eu reforçava sua queixa:

— Vê-se que os burocratas do Ministério da Educação Nacional esqueceram a própria infância.

E eu tinha a impressão de que ela falava comigo como se eu fosse um menino apenas um pouco mais velho que seu filho. Mas eu não era um menino, tinha 19 anos e pressentia que aquela mulher não era apenas uma mãe.

Estava combinado que eu viria todas as tardes, quando Ludovic voltasse da escola. Era preciso ajudar, encorajar esse "pobre menino" que, graças a mim, acabaria por adquirir o gosto pelos estudos.

— Imagine, o pai é formado pela Polytechnique. A simples ideia de que seu único filho vire um vagabundo o deixa fora de si. Ele me acusa de não ser suficientemente severa, de proteger Ludovic demais, que, se ele não passar de ano, a culpa será minha.

— Mas, não, Madame, a senhora não tem culpa alguma. Eu logo percebi que a senhora é uma mãe atenta, muito preocupada em ver seu filho progredir. Fique tranquila, nós — eu disse: *nós* — vamos conseguir. E depois... — eu acrescentava sorrindo, e Madame de S. também sorria —, nem todos são obrigados a se tornar — eu quase disse: a acabar — engenheiro.

Um dia, Ludovic estava atrasado e Madame de S. e eu esperávamos no sofá da sala. Seu olhar estava mergulhado nessa doce melancolia que sempre me atraiu nas mulheres. Arrisquei-me a segurar sua mão, que ela não retirou. Nesse momento, Ludovic chegou. Eu o acompanhei até o quarto. Nesse dia nos mostramos especialmente dedicados, e eu o parabenizei pelos progressos.

Julien Sorel nunca foi meu herói. Eu o achava arrivista demais, calculista demais. Mas no dia em que segurei a mão de Madame de S., não pude me impedir de pensar no episódio de *O vermelho e o negro*, que eu acabara de ler.

Curiosamente, deixei de me lembrar dele quando, algum tempo depois da cena das mãos, me tornei amante de Madame de S. É verdade que ela se mostrava mais terna do que sensual, mas era sobretudo de ternura que eu precisava na época. Às vezes, quando estávamos enlaçados, ela me dizia:

— Eu jamais deveria, você é tão jovem. Para você, eu sou uma velha senhora.

Ela tinha apenas 35 anos.

Eu lhe respondia:

— Estamos tão bem juntos, eu te amo — e estava sendo sincero. E ela me apertava mais forte em seus braços.

O marido, que, não contente em dirigir a empresa que havia herdado, presidia inúmeros conselhos de administração, voltava tarde para casa e saía muito cedo pela manhã. Pior para ele e melhor para os amantes. Ele me deixava seu lugar no leito conjugal, o qual aparentemente tinha abandonado há muito tempo.

Mas chegou o dia em que ele se manifestou. Um criado o teria alertado? O fato é que ele foi posto a par da minha ligação com sua mulher. Ligação: essa foi a palavra que ele pronunciou com uma raiva contida. Eu retorqui que não se tratava de uma ligação, mas de um amor, o que o deixou sem voz, mas aumentou seu furor. Ele me atacou como se eu fosse um criminoso. Mal tive tempo de dizer adeus a Ludovic, que tinha, como eu, lágrimas nos olhos. Uma vez na rua, dei uma olhada para a janela do quarto de Madame de S. Acreditei perceber, através do véu da cortina, um sinal de adeus de sua mão. Nunca mais a revi.

Pouco tempo depois de me ter contratado como professor particular de Ludovic, Madame de S. me falou de uma de suas sobrinhas, Isabelle.

— Ela não se parece nada com meu filho. É uma rebelde. Foi expulsa de todas as instituições nas quais seu pai – ele é viúvo, coitado! – a tinha matriculado. Uma pena, uma menina inteligente como ela. Eu bem gostaria de ocupar o lugar de sua mãe, mas enfim, o senhor sabe, só quero me dedicar a Ludovic.

Depois de ser expulso pelo marido, para minha infelicidade e, eu estava convencido, também para a de Madame de S., procurei em vão, durante muitos meses, novos alunos. Depois, me lembrei das palavras de minha amante perdida e me apresentei na casa do pai de Isabelle. Ele me recebeu com uma cortesia fria.

— Efetivamente, minha cunhada não se enganou. Minha filha, que interrompeu os estudos, precisa de ajuda.

— Interrompeu os estudos nessa idade? — Eu imaginava que ela teria a idade de Ludovic.

— Mas, senhor, minha filha tem 18 anos e só faz o que lhe dá na cabeça. Enfim, veremos se o senhor consegue controlá-la, quero dizer, convencê-la a ser razoável. Vou confiá-la ao senhor.

Eu estava curioso por encontrar Isabelle. Inquieto também, temia que a "rebelde" me recebesse com reticências ou mesmo com desdém. Ela, que pertencia a uma grande família aristocrata, seria arrogante com esse estudante, magro e de óculos, que deveria "controlá-la", domá-la como se fosse um cavalo selvagem.

Isabelle era muito bonita, de uma beleza bem diferente da beleza doce, sonhadora e um pouco triste de Madame de S. A beleza de Isabelle saltava aos olhos, era evidente, fulgurante.

Até então, eu tinha dado aulas preparatórias para

exames de admissão apenas a crianças que de forma geral eram gentis, nunca muito malcriadas. Como eu saberia lidar com essa jovem, que me disseram ser tão inteligente quanto insolente? Se nosso relacionamento tivesse de ser na base da força, eu pressentia que ela é que tomaria as rédeas.

Para minha surpresa, Isabelle me recebeu com um sorriso. Logo ela assumiu o controle:

— Quero lhe dizer o que espero do senhor. Dei um jeito de ser expulsa de todas as escolas para as quais meu pai me mandou. O senhor não faz ideia de como aquilo me entediava. Parece que o senhor estuda filosofia. Em que consiste isso? No fundo, a verdade é que eu sinto tédio. Os rapazes que me cercam são totalmente desinteressantes. E meu pai é muito gentil, mas desde que assumiu sua aposentadoria precoce, depois da morte da mulher, ele vaga feito uma alma penada por este apartamento imenso, grande demais para nós dois, lê publicações financeiras, esforça-se para me distrair, me leva ao teatro. Acho que ele fica tão enfadado quanto eu. Então, me diga: o que é exatamente essa tal filosofia?

— Bem, vou tentar lhe dar uma ideia.

Mas seu olhar já se tinha desviado de mim para uma das janelas do salão, que davam para a Rue de l'Université. A universidade…

Eu me senti desafiado. Como eu poderia sair dessa? Ainda mais que, na época, eu não tinha sequer me formado…

Acumulei erros. Eu mal tinha começado a evocar o "Penso, logo existo" cartesiano, sem esquecer de mencionar, para deixar a coisa mais concreta, o quarto aquecido onde Descartes fazia suas reflexões, quando Isabelle me interrompeu:

— Eu, eu não penso, e nem sei o que eu sou.

Não adiantava nem sonhar com *As Críticas*, de Kant. Imaginei que talvez tivesse mais sorte com um diálogo de Platão. Fiasco novamente:

— Esse seu Sócrates não passa de um perguntador. Ele tem prazer em complicar tudo. — Isabelle era franca: — O senhor é tão chato quanto os professores dos meus colégios. A única diferença é que o senhor não me põe de castigo.

Castigar Isabelle estava fora de questão. Essa garota me atraía. Ela tinha acertado na mosca: eu era chato. Nada mais chato do que a filosofia, se não houver uma voz viva a animá-la. Eu não era capaz de fazer isso. Comigo tudo ficava sem alma, de uma chatice mortal. À noite, voltei ao meu quarto de hotel desapontado, envolvido por uma tristeza vaga, mas pesada, e tentei sair desse estado de espírito retomando a leitura de *O vermelho e o negro*.

Como eu poderia animar Isabelle? Tive a ideia de lhe falar sobre Madame de Rénal e de Mathilde de La Mole[15].

No dia seguinte, li para ela passagens do romance. Se Descartes, Platão e outros tinham fracassado, Stendhal teve sucesso em captar sua atenção.

— Mas por que Madame de Rénal não trocou seu marido sinistro por Julien Sorel? Admiro esse Julien: ele é leal, corajoso, sabe correr riscos.

Não creio que Isabelle se identificasse com Mathilde, mas eu estava quase a ponto de confundi-las.

Durante alguns dias, prosseguimos com a leitura. Eu não me sentia mais sozinho, na minha mansarda no hotel. Abria a janela de par em par, respirava o ar fresco da noite e pensava em Isabelle, que me fazia companhia como se estivesse ao meu lado, junto da janela aberta sob o céu estrelado, um céu de uma luz diferente da do céu de Kant.

Foi nesse quarto que Isabelle entrou uma noite, bem tarde. Ela entrou no meu quarto de verdade. Sem perder um minuto, tirou a roupa, deitou-se na cama e eu me juntei a ela. Eu estava surpreso e sentia uma ligeira ansiedade. O que ela buscava? Mais do que o amor, uma paixão? Eu nunca soube. "Na verdade", escreve Stendhal, falando de Julien e de Mathilde,

15 Personagens do romance de Stendhal. (N. do T.)

“esses transportes eram um tanto *desejados*. O amor apaixonado é mais um modelo que se imita do que uma realidade.”. Transportes desejados. O fato é que Isabelle não voltou em nenhuma outra noite depois daquela. Aquela noite precisava ser uma exceção.

No dia seguinte, não fizemos qualquer alusão a essa noite e, alguns dias depois, de comum acordo, pusemos fim a nossos encontros “filosóficos”. Decidi que daí em diante só daria aulas particulares para garotos bem-comportados.

O pai de Isabelle ficou triste com a minha partida. Ele gostava de mim, tinha me pedido para pôr seus arquivos em ordem, para ajudá-lo em suas pesquisas genealógicas.

— Por que você nos deixa, meu jovem? Isabelle até me disse que gosta muito de você. Não consigo entender.

Eu também não compreendia bem essa história. No dia da minha partida, Isabelle me dirigiu um sorriso meio malicioso, antes de me dar um rápido beijo na testa. Fiquei assustadoramente constrangido. Para me vingar interiormente, eu me dizia que ela não demoraria a casar-se com um desses rapazes do *grand monde* que ela afirmava desprezar. Mas era a si mesma que Isabelle não amava…

Pont Neuf[16]

"Olhem só, os namorados!" Eles atravessavam a ponte. Um pedestre cruzara com eles. Então era óbvio que estavam apaixonados, a ponto de saltar aos olhos daquele senhor idoso de ar simpático. Ele lhes havia dirigido um sorriso cúmplice. Talvez tivesse sorrido para sua própria juventude distante. No entanto, o casal já não era tão jovem. Eles não estavam abraçados, não trocaram nenhum beijo; simplesmente andavam.

Teriam eles algum brilho especial no olhar, algo de vivo, de confiante, no andar?

Aquele momento, ele não o esqueceu, nunca o esquecerá. Agora era ele o senhor idoso e, quando lhe acontecia de atravessar aquela ponte, voltava-lhe a lembrança daquele dia longínquo, e ele dizia a si mesmo: "Olhem só, os namorados!"

Sua canção preferida: "Que reste-t-il de nos amours?"[17].

---

16 A ponte mais antiga, dentre as que cruzam o Sena, em Paris. Optamos por não traduzir, por se tratar de nome próprio. (N. do T.)

17 Literalmente: *O que sobrou de nossos amores?* Famosa canção gravada originalmente pelo autor, Charles Trénet, em 1942. Há uma gravação de João Gilberto, cantando em francês. (N. do T.)

Aquela que foge

Ele a encontra na casa de amigos que comemoram o décimo aniversário de casamento. Ela para diante de cada um dos convidados, sem demorar-se junto a nenhum deles. Tem um ar meio desligado. Ele, por sua vez, se pergunta o que está fazendo ali. Não conhece ninguém, fora os anfitriões.

De repente, ela diz:

— Vou embora. Se você quiser, posso dar uma carona até sua casa, estou de carro.

— Não precisa, moro a quinhentos metros daqui.

Ele a segue. Não fará mais nada além de segui-la. Ela dirige muito depressa. Não trocam palavras. Ela estaciona na frente do prédio. Ela o beija primeiro, ou será que foi ele? Não, foi ela.

Um estranho arrepio percorre todo o seu corpo. Ele não sabe o que lhe acontece. Jamais sentiu isso, esse arrepio, essa perturbação, essa espécie de tremedeira que o sacode, mais forte que o desejo.

Desce do carro, que arranca imediatamente. Entra em casa. Sua mulher o espera. Ele decide acelerar o processo de divórcio, que se arrasta há meses.

Não sabe o nome da mulher que acaba de encontrar. Lembra-se vagamente do que disseram os amigos, que ela era casada com um advogado muito conhecido, mas que "cada um levava a própria vida", que ela escrevia de vez em quando em uma revista feminina, ou talvez fosse em uma publicação cultural. Ele não sabia muito. Ademais, pouco se importava.

Ela não lhe parecera especialmente bonita. Atraente, sim. No entanto, não tivera vontade de se aproximar dela. Depois tinha acontecido aquele beijo, aquela tremedeira, acompanhada de um ligeiro sobressalto.

Passam-se os dias. Ele não pensa mais nessa mulher. Trabalha muito, numa espécie de furor, o que é raro nele. Às vezes surpreende-se olhando, pela janela do escritório, a rua, os pedestres, que parecem saber muito bem para onde vão.

Passa também por momentos de distração, como se tentasse ausentar-se da vida cotidiana, colocar-se distante da realidade.

Algumas semanas depois, ela telefona para o escritório (como teria conseguido o seu telefone?). Diz:

— Estou livre esta tarde. Está um lindo dia. Fiquei com vontade de sair de Paris, de andar um pouco, de respirar. Você não?

Ele avisa aos colegas que é obrigado a se ausentar por algumas horas. É obrigado.

Tomam a estrada do Oeste. Trocam palavras anódinas. Não fazem alusão ao encontro anterior. Param em Versailles. Caminham ao longo do grande canal, vão até o fim do parque, onde termina a bela arquitetura dos jardins, lá onde, pelo matagal alto, correm os coelhos. A primavera é precoce, as folhas das árvores ainda são de um verde tenro, o céu está claro, não há nuvens, faz sol.

Ela o pega pelo braço. Andam depressa. Depois mudam de rumo, tomam um chocolate quente no terraço de um café, um vento suave os envolve.

O quarto do hotel é espaçoso, dá para uma pracinha. Pé-direito alto, cortinas vermelho vivo, móveis de outra época – penteadeira, cômoda, tapete com flores gastas pelo tempo: ar de interior. Eles estão longe de tudo.

As pernas dela são longas, os seios, pequenos, altos, como os de uma moça muito jovem; os cabelos lisos são pretos, os olhos, escuros. Ele nota uma pequena cicatriz sobre o pulso esquerdo. Não lhe pergunta nada.

Os corpos se misturam, até se confundirem. Ele quer acreditar que eles são um, que o homem e a mulher formam um único e mesmo ser. Pressente que se engana.

Saem do quarto pela manhã, deixando ali uma grande desordem.

Na pracinha há uma feira de frutas e verduras. Compram os primeiros morangos da estação.

Ele diz para si mesmo que jamais, antes dessa noite, vivera uma experiência de tal intensidade, como se tivesse sido arrebatado, enfeitiçado, por uma emoção mais forte do que ele. No entanto, não se sente realmente feliz. Tem a impressão de que há nessa mulher alguma coisa que, apesar do abandono do corpo, lhe escapa, alguma coisa que ele jamais conseguirá atingir.

Ela vai lhe ensinar, pensará ele mais tarde, que toda mulher é inatingível, mesmo que os homens se gabem de "possuí-las".

Durante os meses que seguiram a noite de Versailles, eles se afastavam de Paris por dois ou três dias. Conheceram numerosos hotéis, estiveram em Rambouillet, em Vendôme, em Étretat. Depois foram mais longe, para a Itália, a Espanha. Sempre quartos de passagem, leitos anônimos. Ele gostava disso, que não houvesse ponto fixo. Tudo assim ficava em aberto, possível.

Suspeitava que ela devia conhecer outros homens, entre esses encontros. Não queria saber. A ele também acontecia de estar com outras mulheres. Seria para se assegurar de que também era capaz de seduzir? Seria para tentar se afastar daquela que o fazia sofrer? Porque ela o fazia sofrer, essa imprevisível, essa cambiante, às vezes subitamente distante, até mesmo quando estava ao seu lado, ou indiferente, como se apenas quisesse sua presença para não ficar sozinha; outras vezes fazia-o acreditar que ele era importante para ela, talvez até que o amava.

Ele ainda se lembra, trinta anos depois, do dia em que ela lhe disse:

— Queria ter um filho teu.

Ele ficou atrapalhado. Estavam em Pompeia, a cidade sepultada pelas lavas de um vulcão.

Sim, talvez ela o amasse a sua maneira, mas ele estava loucamente apaixonado por ela. Loucamente, porque sabia que a história só podia terminar mal, e então seria a sua vez de ser sepultado.

Isso veio a acontecer depois de meses, anos. Ela lhe anunciou, com um sorriso um pouco crispado, que iria deixá-lo. Definitivamente (várias vezes ela o tinha deixado, para voltar poucos dias depois.)

Ela o deixara na porta do prédio, tinha-o beijado, desta vez nas duas faces, e o carro partira rapidamente, como no primeiro dia.

Diziam que ela tinha fugido. Será que ele a teria feito prisioneira, sufocando-a com excesso de amor?

Quantas vezes, olhando-a fixamente, como que para evitar que ela pudesse escapar, não teria ele declarado, como uma criança aflita, assustado diante da simples ideia de ser descartado:

— Eu te amo demais.

Odile

Era uma mulher muito inteligente (ele pensava: até demais). Junto dela ele se sentia bobo, de uma falta de cultura aflitiva. As mulheres que não gostavam de Odile diziam que ela era um tipo cerebral.

No entanto, quando ela o encontrava em seu apartamento da rua Delambre, essa mulher cerebral se abandonava sem reservas aos prazeres do amor. Durante alguns meses, viveram momentos deliciosos.

Mas passou-se entre eles alguma coisa que ele não conseguia explicar. Ela fora a primeira a se apaixonar, enquanto ele, por seu lado, ainda se mostrava reticente.

Como no encontro amoroso só contam a inteligência e a loucura dos corpos, sua reticência desapareceu. Então foi ele que se apaixonou loucamente por ela. E se incomodou com o que sentia, por sua vez, como alguma reticência da parte dela. O que ele teria feito, o que teria dito que pudesse desagradá-la? Os sinais do desamor são mais visíveis do que os do amor.

Uma vez, voltando da rua Delambre, quando eles estavam abraçados, ela bruscamente retirou o braço e, afastando-se um pouco, disse, com a expressão dura, quase hostil:

— Preciso ficar sozinha.

As palavras o feriram, logo percebeu nelas uma angústia secreta. Odile gabava-se de só gostar da alegria, fugia como da peste da companhia das pessoas tristes, queixosas, de todos aqueles que cediam à própria melancolia. A peste é contagiosa...

Foi uma relação estranha, com contratempos. Falaram disso mais tarde, quando se tornaram apenas amigos. Eles se perguntaram, sorrindo, por que o sentimento amoroso é tão raramente partilhado no mesmo ritmo. A resposta é simples demais, boba demais para ser exposta a uma mulher inteligente. E se ela fosse a próxima? As expectativas de um homem e as de uma mulher não coincidem, e eles se atraem justamente porque não podem se entregar a ponto de esquecer as diferenças. É apenas na intensidade do gozo partilhado que eles podem se comunicar. Depois disso, estarão no máximo um ao lado do outro, ou numa proximidade que os separa, os afasta.

Ela: — Preciso ficar sozinha.

Ele: — Pensando bem, mais vale que eu fique sozinho.

Sair de cena

Ele raramente ia ao teatro. Quando lhe perguntavam o que o impedia, não sabia bem o que responder.

— Eu me canso depressa. Acho muito artificial. Depois, mesmo os melhores atores são sempre um pouco cabotinos, sempre preocupados em captar a atenção do público. Quanto aos diretores, sobretudo os de hoje, não vamos nem falar: querem modernizar os clássicos a qualquer preço, colocam em cena a si mesmos. Vilar[18], é exceção, ele quer apenas "dirigir". Bem, reconheço que meus argumentos são bobos, mas o que querem? Trata-se do teatro, é uma ilusão na qual não consigo acreditar, é isso.

Uma noite, no entanto, ele esqueceu seus preconceitos. Uma amiga convenceu-o a acompanhá-la para ver uma peça cujo assunto a interessava: uma professora às voltas com uma criança incrivelmente desobediente, a ponto de se fechar no silêncio, uma criança cuja incrível energia estava toda canalizada para a recusa. (A amiga dele trabalhava com crianças rotuladas como débeis mentais pelos psiquiatras.)

A atriz que interpretava a professora chamou sua

18 Jean Vilar (1912-1971), diretor, produtor e ator de teatro francês, nascido em Sète, França, um dos mais influentes nomes do teatro do século XX. (N. do T.)

atenção. Ao sair do teatro, ele disse para aquela que havia insistido para que a acompanhasse:

— Essa mulher que interpreta a professora não é uma atriz. Foi ela mesma que eu vi, foi a voz dela que escutei, essa voz cálida saída do corpo. Não é uma personagem que ela interpreta. É isso: ela é verdadeira.

Depois disso, ele não voltou mais a frequentar teatros.

Um ano mais tarde, em um restaurante, ele se viu sentado a uma mesa vizinha à da atriz. Ela estava com um homem mais velho, que ele achou extremamente desagradável. Jantavam em silêncio. Então, ele criou coragem e disse a ela quanto havia gostado, no ano passado, da peça que ela havia interpretado no Teatro de l´Atelier. Ela sorriu e convidou-o a assistir à peça que ela interpretava no momento.

Tiveram uma aventura que durou algumas semanas. Ela se sentia bem na companhia dele. Gostava dele. Ele estava apaixonado, feliz por descobrir que a ternura e a sensualidade podiam coexistir.

A aventura terminou bruscamente. Ele precisou assumir um posto que lhe fora designado no exterior. Quanto a ela, sem dúvida, tentou reconquistar o homem mais velho. Ao menos, foi isso que ele pensou.

Nunca mais voltou a vê-la. Soube, alguns anos mais

tarde, que ela havia se suicidado, vestida com o mais belo dos vestidos que usara no palco. Por que, se ela tinha se mostrado tão natural com ele, tinha sido necessário, ao se preparar para morrer, voltar a representar?

No entanto, ele tinha certeza, o que eles tinham vivido juntos não era teatro. Talvez um entreato, nada além de um entreato, antes que a cortina se abrisse para o espetáculo.

Joseph

Naquele ano, Antoine redigia com esforço sua tese de Economia. Enquanto isso, eu lecionava Filosofia no Colégio de Orléans. Antoine era meu melhor e mais antigo amigo. Nós nos conhecemos no ensino fundamental e desde então nunca mais nos afastamos.

Muitas vezes as mesmas mulheres nos atraíam. Não havia competição entre nós. O acaso decidia que o eleito fosse uma vez Antoine, da outra vez seria eu.

Lembro até hoje do dia em que Antoine chegou em minha casa. Parecia sem forças, extenuado. Seu rosto estava lívido.

— O que há? É a tese que te deixa nesse estado?

— Não, não é minha tese, é Thérese. Você não faz ideia, ela é insaciável.

Eu tinha encontrado essa Thérese duas ou três vezes. Tinha me parecido bastante reservada. Falava pouco e, quando se expressava, o fazia com uma firmeza tranquila. Tinha uma voz grave, quase rouca. Usava óculos redondos, de metal, o que acentuava ainda mais seu aspecto sério, dando-lhe o ar de uma professora de antigamente. Como eu poderia imaginar que essa mulher tão composta fosse insaciável?

— Ela estava me esperando em frente à Biblioteca Nacional, no final do dia. Tínhamos combinado de ir ao cinema, mas ela nem quis saber disso, e lá fomos nós para a casa dela. Ela se joga literalmente em cima de mim. Fazemos amor muitas vezes. Não sei como ela consegue, mas, quando me sinto esgotado, ela acha um jeito de me reanimar.

— É o amor, é a paixão desenfreada! De que você se queixa?

— Entre nós não existe amor. Você ri, mas é assustadoramente penoso. Tenho a impressão de ser um objeto dela, uma presa que ela não quer largar.

Bebemos uma taça de conhaque cada um.

— À sua saúde! — depois convenci Antoine a dormir um bom sono, a descansar por alguns dias, a deixar de lado sua tese, sem me atrever a acrescentar: "E Thérese também, definitivamente".

No dia seguinte, passo diante de um antiquário. Percebo um pequeno quadro que me faz parar. Representa uma mulher seminua deitada sobre um leito e um homem muito jovem que tenta fugir. O quadro parece ter sido pintado às pressas, desajeitadamente.

Imagino que quem o pintou foi esse jovem, mal saído da infância, para guardar uma lembrança de seu pavor. Os personagens, identifiquei facilmente, são José e a mulher de Potifar.

Com um toque de malícia, dou o quadro de presente a Antoine, acrescentando algumas linhas do Antigo Testamento que relatam a cena.

"José era atraente e provocava muitos olhares. Um dia, a mulher de seu patrão reparou nele, e ordenou que ele se deitasse com ela. José recusou-se. Dia após dia, ela repetiu seus avanços sobre José, mas ele não a atendia e recusava-se a acompanhá-la e deitar-se com ela. Um dia, quando estavam ausentes todos os homens que costumavam ficar por lá, ela agarrou-o pelas vestes, gritando: 'Deite-se comigo!' Ele fugiu, deixando para trás sua roupa."

Antoine-José recebeu meu presente dando risada. Decidiu não ver mais Thérese. Ela continuou a procurá-lo na saída da Biblioteca Nacional.

— Venha, desta vez nós vamos ao cinema, prometo.

Ele recusou. Ela acabou por se cansar e desapareceu.

Alguns anos mais tarde, soubemos que tinha se casado com um ex-aluno da Escola Nacional de Administração, que nós nos divertíamos chamando de

Potifar. Soubemos também que ela tinha se tornado uma poderosa mulher de negócios. Encontrara outras presas para devorar, essa predadora de aparência tão calma, tão sensata.

Imagem perturbadora

Ela não precisava tentar agradar, ela não precisava seduzir, não tinha nem mesmo necessidade de falar: seu corpo falava por ela.

Ele ficava orgulhoso ao ver os homens se virarem para olhá-la e perceber como eles o invejavam, a ele, que não era especialmente bonito, por estar com uma mulher tão bela, cujos seios soberbos, mais que adivinhados sob o vestido de verão, excitavam a cobiça.

Era amigo de infância do irmão dela.

Quando fazia amor com ela, muitas vezes se surpreendia a ponto de fechar os olhos. Temia ver, nos traços do rosto da jovem, os mesmos traços do irmão. Ficou tão perturbado com isso, que parou de encontrá-la.

Não teve coragem de confessar o motivo de seu comportamento, que tinha todo o jeito de uma fuga.

Talvez, também ele tenha pressentido que depois ela iria desaparecer em algum momento, essa mulher tão sorridente, tão bela, tão feita para o amor. Ela morreu de um câncer no seio descoberto tarde demais.

Seus sucessivos amantes assistiram ao enterro. Com lágrimas nos olhos, eles trocaram lembranças cúmplices. Será que cada um deles se sentiria responsável pela morte dela, ou culpados por não a terem amado o suficiente?

Onde estão minhas amantes?

Elas estão no túmulo.

— Gérard de Nerval

Noite triangular

Uma noite de verão, a cidade vazia, desprovida da maior parte de seus habitantes, fazia muito calor e um homem na flor da idade estava deitado entre duas mulheres. Uma, Odete, era sua amante; a outra, Cécile, uma amiga do casal.

Estavam os três nus, deitados sobre um lençol cujo frescor os agradava. Tinham bebido um pouco.

Não havia nada de premeditado nos gestos que seguiram. Trocas de carícias, beijos. O homem penetrou sucessivamente uma depois a outra das mulheres. Ele era, acreditava ele, o rei, o vértice inquestionável do triângulo.

Súbito, ele perdeu a pose. As mulheres, que ficariam indignadas se fossem chamadas de lésbicas – o que, aliás, elas nunca tinham sido, nem jamais seriam –, prolongavam suas carícias mútuas. Ele se sentiu excluído.

Depois teve a convicção, e ficou mortificado com essa ideia, de que elas conheciam alguma coisa que ficava além do prazer, como se, ao descobrir em toda a sua superfície, em toda a sua profundidade, o corpo da outra, um corpo ao mesmo tempo semelhante e diferente pela forma dos seios, a curva das coxas, era o próprio corpo que cada uma descobria: o segredo do próprio corpo – e a esse segredo ele sabia que jamais teria acesso.

Ele havia acreditado, aquele homem na flor da idade, estar investido de um poder supremo, o de possuir as mulheres. Elas respondiam aos desejos dele. Ilusão: ele não passava de um instrumento de prazer, do qual elas se serviam, ou não.

No dia seguinte, como em todas as manhãs de domingo, foi jogar futebol com amigos. Gastou muita energia nesse campo. Seu time ganhou a partida. Graças a ele, que marcou dois gols.

Voltou para casa apaziguado.

Convidou Odete para almoçar. Falou de alguns assuntos. Nem uma palavra sobre a noite anterior. Ele se mostrou especialmente divertido. Ela escutava distraída, com ar sonhador.

Depois disso, a vida retomou seu curso habitual.

O culpado inocente

Ele conta:

"— Naquele verão, eu fui indigno, francamente indigno. O senhor não vai querer acreditar, percebo muito bem que o senhor não simpatiza comigo, mas duas mulheres me amavam, enfim, diziam que queriam partilhar a vida comigo. Eu me sentia ligado a ambas, mas incapaz de escolher entre elas, de me decidir. De minha parte, seria realmente amor? Eu nunca soube, nem sei até hoje, o que significa amar de verdade. Desejar, sim. Sentir uma profunda ligação com uma mulher, sim, mas da mesma maneira em que se pode estar ligado à cidade natal, a uma casa, a um bairro ou simplesmente aos próprios hábitos.

Então, naquele verão, eu disse a uma e a outra que precisava ficar sozinho por algum tempo, que precisava refletir, enfim, essas coisas que se dizem nesses casos, com inegável má-fé. A questão é que eu suporto mal a solidão. E para onde iria?

Num jantar em casa de amigos, conheci um sujeito chamado Bernard Legrand. Achei-o divertido, ele era falador, contava todo tipo de histórias que faziam os convidados rirem. Estávamos em julho, às vésperas das férias. Bernard me disse que estava de partida para a Alta Saboia, onde seus pais tinham um chalé que, no verão, ficava à disposição dele.

— Se não souber o que fazer nas férias, será bem-vindo.

Aceitei o convite. Não estava gostando da ideia de passar as próximas três semanas sozinho com minhas ruminações, num hotel qualquer.

O chalé era pequeno, mas confortável. Rodeado por prado por todos os lados, ainda salpicado de flores nessa estação, algumas vacas ruminando, também elas, mas tranquilamente. O vale, ao fundo, já estava mergulhado na sombra, enquanto o sol ainda brilhava, generoso, na varanda onde tomávamos uma taça de vinho branco. Bernard Legrand ocupava o quarto dos pais, na parte de baixo, o meu ficava na parte de cima, sob o teto. Em resumo, estava tudo perfeito.

Já no dia seguinte ao de nossa chegada, Bernard me confessou que só se sentia atraído por rapazes. Eu, por meu lado, confiei-lhe meu "problema".

— A solução é muito fácil — me respondeu ele com um largo sorriso —, você deve livrar-se das duas.

— Não é tão simples, amo tanto uma quanto outra. — Dessa vez não hesitei em usar o verbo "amar".

No mesmo instante, o humor de Bernard mudou. Nada de brincadeiras, nada de conversas. Ele era puro rancor. Tinha tentado seduzir o filho de um fazendeiro vizinho e fora rechaçado sem delongas, e até grosseiramente insultado.

— São uns grosseirões, atrasados nesse fim de mundo.

A companhia dele começou a me pesar. Sem dizer nada a Bernard, telefonei para Juliette – a outra se chamava Christine – insistindo que viesse logo me encontrar. Ela não se fez de rogada, vendo no meu apelo a prova de que eu não podia ficar sem ela mais do que alguns dias. Eis então que ela chega. Eu a vejo descer toda feliz do táxi que a trouxera da Estação do Norte até o chalé.

Não ficou muito tempo. Bernard mostrou-se odioso com ela. Ela mal tinha acabado de chegar e ele já a provocava com sarcasmos.

— Uma calça estilosa como essa, onde a senhora pensa que está, na Côte d'Azur?

Juliette tinha trazido, para ler no trem, um grosso romance inglês do século passado (bastante tedioso, reconheço).

— Nunca li nada mais insípido — diz Bernard, depois de lançar uma olhada para o título. — Uma chatice! Sem contar que essa tradução é execrável... para quem conhece o idioma original, é claro.

Juliette nem ligava. Eu não sabia o que dizer. O senhor vai pensar que eu não me mostrava muito corajoso. É verdade. Mas eu temia que, se interviesse, fosse piorar ainda mais a situação. Para tentar principalmente aliviar o clima, decidi acompanhar Bernard até o povoado vizinho e, discretamente, sabendo-o suscetível, eu lhe disse que ele tinha todo o direito a seus julgamentos, que não era absolutamente obrigado a gostar de Juliette, que claramente não era seu tipo, mas que afinal ele podia se mostrar um pouco mais amável com ela.

— Mas o que você está inventando? Eu a acho encantadora. — Eu esperava que ele dissesse "grotesca", mas, não, ele disse "encantadora".

O jantar depois de nosso passeio não foi menos gélido. Bernard não abriu a boca e voltou para seu quarto sem experimentar a torta de maçãs que Juliette fizera enquanto estávamos fora. Ele nos desejou "boa-noite" de um jeito malicioso, com um sorriso quase cínico.

Bem, vou abreviar a história, pois os dias que se seguiram me pareceram intermináveis. Eu não sabia o que fazer. Juliette se punha sombria, ela que conheci risonha, sempre pronta a acolher com entusiasmo os menores prazeres que a vida oferece. Bernard ficava silencioso a maior parte do tempo. Cheguei a preferir as alfinetadas da primeira noite, tanto eram visíveis a hostilidade, a raiva contida em seu silêncio ostensivo.

Eu diria que ele esperava pela sua hora. Ela não tardou a soar.

Na volta de outro passeio com ele – eu sempre com a preocupação de arranjar as coisas – encontrei em cima da minha cama, da nossa cama, essas palavras de Juliette: "Vou-me embora. Não tenho mais nada a fazer aqui. Deixo-o na companhia desse tipo horrível, que você parece apreciar. Boas férias!"

Bastou que Juliette partisse para que o "tipo horrível" mudasse completamente. Exibia os mínimos cuidados comigo. Ia fazer as compras no povoado não muito distante do chalé – ainda assim, uma boa caminhada – enquanto eu ainda dormia; trazia-me biscoitos para o café da manhã, passava horas cozinhando enquanto eu lia tranquilamente na varanda. Voltou a ficar conversador, reencontrou sua verve para contar casos, em sua maioria maldosos, sobre amigos em comum.

Era evidente sua vontade de me distrair. Depois de alguns dias, seus esforços acabaram por me irritar.

Eu estava a ponto de esquecer – tenho vergonha de confessar – a partida de Juliette. Depois, a verdade me saltou aos olhos: tinha sido ele, só ele, que tinha provocado a partida dela, com sua ironia mordaz, suas insinuações, sua mesquinharia. Era ele o culpado. Eu amava Juliette, acredite, eu a amava e agora a tinha perdido. Perdido para sempre. Ela nunca mais quis me encontrar. É compreensível. Maldito seja Bernard.

Depois da fuga de Juliette (o senhor vai me desprezar ainda mais), pedi socorro a Christine. Ela veio me encontrar por sua vez, ainda que seu trabalho a prendesse em Paris. Fui esperá-la na estação. Achei-a envelhecida, com mau aspecto, os traços marcados, o ar tristonho. Ela logo percebeu que minha cabeça estava em outro lugar. Ficou apenas dois dias, durante os quais Bernard não lhe dirigiu a palavra. Eu, de meu lado, não achava muita coisa para lhe dizer, temendo feri-la ou que ela considerasse a batalha ganha. Mais uma vez, Bernard foi o culpado de tudo, o responsável por meu desconforto. Ele sabia demais sobre mim, eu não deveria ter vindo, não deveria ter-me confiado a ele.

Ah! Essa temporada que deveria ter sido tão tranquila, tão repousante, foi uma sucessão de partidas, de fugas.

— Percebo que você não está bem — disse Bernard na hora do café da manhã —, vou voltar a Paris. Mas o chalé fica à sua disposição. Aqui estão as chaves. Basta que você feche as portas e janelas quando for embora.

Eu estava sozinho e, pela primeira vez, não estava achando isso ruim. Caminhava pela floresta durante horas, descia correndo os taludes como um adolescente, parava às vezes na fazenda vizinha onde o filho do fazendeiro e eu falávamos mal de Bernard. Ele me oferecia ovos e leite, queijo fresco e um pedaço de pão, e eu jantava como um rei, sozinho naquela que se tinha tornado a minha varanda."

Jamais voltei a ver o homem que tinha me contado o episódio do chalé.

Soube por terceiros que Christine morreu num acidente de carro. Quanto a Juliette, eles não sabiam bem o que lhe tinha acontecido. Imaginei que ela tinha se casado com um homem que sabia o que queria. Imaginei também aquele homem que me falara de sua indignidade repetindo:

"De qualquer maneira, não fui eu o culpado desse acidente trágico. Também não sou culpado desse casamento estúpido. Pode acreditar em mim: sou inocente, não fiz nada de mal. O culpado é Bernard. Senão, por que ele teria me dito: 'Você só tem que deixar para lá, essas duas'?"

Ação noturna

— Largado, abandonado, ejetado, dispensado, expulso — ele não encontrava palavras suficientemente duras para qualificar o fim de sua relação com Françoise. Naquela noite, ele as repetia, como para se impregnar delas, para nunca esquecê-las, e também para me convencer de que eram bem essas as palavras que cabiam. Dava pena vê-lo. Estava literalmente abatido, no chão, esse homem que sempre tivera um sorriso nos lábios.

Jacques era um amigo íntimo, não tínhamos segredos um para o outro.

Ele me confidenciou que tinha desejado morrer. Na noite após a ruptura, tinha pegado o carro, resolvido se jogar sobre um caminhão enorme ou sobre um plátano à beira de uma estrada no campo. Pensariam que tinha sido um acidente, que ele teria adormecido na direção. Tinha rodado por horas, resolvido ora a morrer, ora a viver, ele já não sabia mais, sem poder se decidir.

— Perdi a coragem, tinha medo de errar, de ficar paralítico.

Continuou a dirigir noite adentro, em alta velocidade, pegando uma estrada depois da outra, ao acaso. De repente, tomado pelo cansaço, vazio de qualquer pensamento, parou o carro no alto de uma encosta. Sobre um platô, uma placa indicava: Vista Panorâmica. Ele desceu do carro. Inspirou com força o ar da noite. Era uma noite escura, levemente iluminada por uma lua crescente. Não enxergava nada além de sombras, percebeu um riacho no fundo do vale. A paisagem era extraordinariamente tranquila, harmoniosa. Nenhum barulho, nenhuma fronteira entre as árvores e o prado.

— Nesse momento — disse-me ele —, dei-me conta de que a estrada que eu tinha escolhido ao acaso, juro para você!, era o caminho que levava ao cemitério onde minha mãe está enterrada. — Um cemitério pequeno, na periferia de uma cidadezinha que ela nunca quis deixar, e onde ele mesmo tinha nascido, 35 anos antes. Nunca mais tinha voltado ao cemitério desde a morte da mãe. Aquela cidadezinha, ele a tinha mencionado em algumas de nossas conversas. Considerava-a sua terra natal. A terra natal era também uma terra de morte.

Eu o reencontrei algumas semanas depois da partida de Françoise. Mudança espetacular: Jacques, novamente sorridente, me diz que, no final das contas, ele se sente aliviado, como que libertado. O fato é que, nos meses seguintes, ele reatou com uma antiga amante e se relacionou com várias outras mulheres, sem conseguir manter o vínculo com nenhuma delas por muito tempo.

— Essas relações passageiras, você não faz ideia de como elas são reconfortantes. Eu me sinto livre, leve como nunca antes. Agora posso avaliar a que ponto eu estava preso a Françoise.

Passaram-se os anos. Françoise estava sempre lá. Nele. Raramente ele pensava nela durante o dia. Mas, em seus sonhos noturnos, ela voltava a visitá-lo de uma maneira lancinante, como um fantasma que insistentemente o obrigava a lembrar-se dela, que exercia de novo seu poder, fazendo dele uma espécie de possuído! E era então, no fundo da noite, no recesso do sono, que as palavras "largado, abandonado, dispensado" se impunham como no primeiro dia.

— Não compreendo esses sonhos que se repetem e dos quais mal consigo me livrar quando desperto. Por que essas palavras, que me fazem mal, se... — acrescentou ele com lucidez e um toque de cinismo — quando me acontece de me separar de uma mulher – e Deus sabe quanto isso me acontece –, eu não faço disso um cavalo de batalha? Nós nos separamos, e pronto. Assim é a vida, assim são os amores.

Eu não compreendia mais do que Jacques qual poderia ser a fonte desses sonhos recorrentes, que contradiziam o sentimento de liberdade que ele tinha experimentado pouco depois da partida de Françoise.

Sugeri uma hipótese:

— Orgulho ferido, talvez. Orgulho masculino, porque nós, os homens, como você mesmo reconhece, preferimos o lugar de quem rejeita ao lugar de quem é rejeitado.

— Sim, sem dúvida, em parte é isso. Mas as feridas desse tipo cicatrizam bem depressa. Neste caso, a ferida não fechou. Parece que algum gênio maligno confiou às visões noturnas a missão de reabrir a ferida, de arranhá-la, de mantê-la sangrando.

— Se não se trata simplesmente de orgulho ferido, então pode ser que o sofrimento seja menos pela perda, da qual a gente acaba por se consolar, do que pelo abandono. Ser deixado subitamente sozinho, à margem, enquanto a mulher se afasta e desaparece para sempre, sem se importar nem um pouco com a sorte daquele que ela abandonou.

— Ser abandonado sem que ninguém pudesse me socorrer, é verdade, eu sempre tive medo de viver essa experiência.

— Perdoe-me por bancar o psicólogo. Mas, não há qualquer imagem de mãe nesses sonhos que o atormentam?

— Se você tivesse conhecido Françoise, saberia que ela nada tem de maternal. Realmente nada. Além disso, minha mãe nunca me abandonou.

— Não é preciso ter sido efetivamente abandonado para sentir que a mãe, mesmo que tenha sido atenta, pode se ausentar, afinal, ela tem sua própria vida. Sabe que, quando era pequeno, eu sentia esse medo de que ela não voltasse, quando saía, e, mais tarde, vivi essa inquietação, que me tomava quando via que seus pensamentos vagavam por um lugar onde eu não estava... e que eu não tinha poder algum sobre isso. Talvez ela se ausentasse até de si mesma. Mesmo hoje, quando uma mulher que conheço bem – é sempre uma mulher! –, passa por mim como se eu fosse transparente, invisível, desencarnado, como se eu não existisse, eu me sinto negado, quase aniquilado. Pode parecer ridículo, mas é assim.

— Françoise sempre evitava meu olhar, quando eu a devorava com os olhos.

— Agora, nas suas visões noturnas, é você que olha para ela ou é ela quem te devora com os olhos?

Não levamos adiante nossas investigações. Ignoro se Jacques continuou a ter essas visões que faziam ressurgir do passado sua rainha da noite. Surpreendentemente, pouco tempo depois de nossa conversa, eu, que me lembro sempre de meus sonhos, geralmente prazerosos como um presente, comecei a sonhar com minha mãe falecida. Nós tínhamos a mesma queixa um para o outro: "Você nunca me amou".

Quando estou com um humor sombrio, me convenço de que minha vida é, há muito tempo, apenas uma sucessão de encontros frustrados.

Réplicas de Swann

Ele não se reconhecia:

— O que se passa comigo? Isso não sou eu!

Eu também não o reconhecia: "Isso não parece ele, não é mais ele. É outro homem". Seguia-se a pergunta: "A menos que isso, afinal, seja ele?"

Esse homem, de cerca de trinta anos, tinha sido presenteado com todas as oportunidades: uma infância mimada, uma adolescência feliz (coisa rara), uma juventude em que tudo lhe tinha dado certo, aprovação sem esforço em exames e concursos – "Não sou um estudante muito aplicado, mas assimilo depressa" –, sucesso nos esportes, viagens aos mais belos países do mundo. Como eu o invejava!

Ele era bonito, elegante, ele era rico: à fortuna que tinha herdado, juntaram-se os ganhos de uma profissão extremamente lucrativa, que lhe permitiam adquirir quadros e obras de arte:

— Gosto de me presentear — acrescentando logo: — Também presenteio os outros, mas, confesso, com coisas de menor valor.

Ele "possuía" – a palavra é dele – todas as mulheres que queria, e ele queria cada dia mais. Quanto a esse ponto, eu o invejava menos, pois sua avidez, essa necessidade, próxima da dependência de um viciado em drogas, de seduzir e conquistar mais e mais mulheres, me deixava entrever, e sem dúvida ele mesmo entrevia, alguma inconsistência interior, uma espécie de vazio que nada, jamais, poderia preencher. O vazio na profundeza da avidez...

Minhas suspeitas se revelaram justificadas. Ainda assim, surpreendi-me com sua metamorfose, pela extensão dos estragos, pela amplitude do desastre. Sim, eu não reconhecia o homem afável, eloquente, inteligente, tão à vontade na vida social, naquele que agora, semana após semana, me fazia testemunha de sua decadência. Adeus, ídolo dos outros e de si mesmo!

É verdade que, quando ele veio me consultar alguns meses antes, confessara que tinha cada vez mais a sensação da futilidade de sua existência.

— Para que serve tudo isso? Tenho variado bastante meus prazeres – os bons restaurantes, os antiquários, o tênis, as mulheres – mas no final é monótono, é sempre mais do mesmo.

Eu tinha ouvido tantas vezes essa lenga-lenga da boca de homens que tinham conseguido tudo o que se pode desejar, que a expressão de seu aparente desencanto não me tocava nem um pouco. Ele prosseguia:

— Talvez eu tenha tomado o caminho errado. Talvez eu devesse ter recusado a herança da família, que fez minha vida tão fácil. Talvez, em vez de comprar quadros, eu tivesse feito melhor em pintá-los eu mesmo, em vez de produzir apenas obras toscas.

Tudo isso foi dito com o sorriso de um homem habituado às boas maneiras, e no tom do "talvez", um "talvez" que não anuncia nada mais do que uma vaga possibilidade, que sabemos muito bem que jamais será realizada, mas que permite não se confundir totalmente com aquilo que se é, e está mais ou menos destinado a ser, até a morte. A gente se aferra à própria identidade, ainda que ela seja em parte fictícia. Podemos até sonhar em nos tornarmos outra pessoa, mas com a condição de continuarmos a ser a mesma.

Eu não me deixava enganar pelas veleidades desse homem. Mesmo assim, tinha visto um sinal de que talvez (veja só, agora é minha vez de dizer "talvez"...) alguma falta iria se manifestar nessa vida de sucessos. Eu estava à espera de uma falha, de um fracasso, sem imaginar que viria a ser tão profundo.

Um dia, o homem de quem falo – vou chamá-lo de Charles – conheceu uma mulher, apresentada por um amigo.

— Você vai ver, ela é encantadora.

Poderia ter sido uma mulher a mais. Mas não foi.

Ele já havia conhecido mulheres mais bonitas, que o atraíram mais à primeira vista. De todos os tipos: poderia ter sido a pequena vendedora de flores de seu bairro ou uma burguesa pretensiosa, uma estagiária andrajosa (mas que pernas!) de seu escritório de advocacia, ou uma modelo tão bela quanto estúpida (mas que olhos!).

Dessa última, a mulher de quem ele me falou um dia depois de terem sido apresentados, começou a realçar os defeitos do rosto: lábios finos demais, um nariz adunco.

— Eu me pergunto por que meu amigo a acha encantadora.

Mais tarde, depois que ela o tinha convidado para tomar um vinho na casa dela, ele não parou de criticar o apartamento:

— Como alguém pode ter tamanho mau gosto? Você precisava ver os móveis, os bibelôs, as cortinas!

E, depois, sucumbiu ao seu charme. Como essa mulher era desejável! Desejável: ele esquecia o quanto ela tinha sido, era e viria a ser desejável para outros que não ele.

Não tardou para que ele a cobrisse de presentes: as flores mais raras, joias, objetos preciosos que encontrava nas galerias de arte. Às vezes, lhe surgia uma suspeita: será que ela não estaria ligada a ele por causa do dinheiro? Mas esse pensamento logo desaparecia. Havia nela tal gentileza, uma ingenuidade quase infantil, ela demonstrava tanta gratidão, que ele se envergonhava de ter tido tais pensamentos.

Ia para a casa dela todas as tardes, saindo de seu escritório cada vez mais cedo. Cancelava encontros profissionais importantes, o único compromisso que lhe importava era o que tinha com ela.

Acontecia-lhe, tanta pressa ele tinha de encontrá-la, tanto ela lhe parecia *desejável*, de bater à sua porta em horas inusitadas para seus hábitos. Não tinha resposta. No entanto, ela estava lá, ela reconhecia seus passos, mas ouvia também outros passos. Ele batia de novo.

A mórbida doença do ciúme apossou-se dele. Em todos os homens ele via um possível amante dessa mulher.

Digo "essa mulher" porque ele jamais me disse seu nome, como se quisesse guardar o nome dela só para si, como se, confiando-o a mim, eu pudesse roubá-la dele. Mas eu a chamava de Odete, porque tinha a impressão cada vez mais insistente de ter no meu divã uma réplica de Swann, de ser testemunha de sua dolorosa inquietação.

Como ela sabia mostrar-se terna, na mesma medida em que sabia mentir! Pega em flagrante delito de mentira, ela tinha a sagacidade de dar detalhes verificáveis, para melhor dissimular o inegável. E ele, Charles, quando ficava exasperado por essas dissimulações e tentava livrar-se do poder que ela exercia sobre ele – ela o atraía como um ímã –, quando ele conseguia atenuar a dor que sentia, diminuir sua febre – "da qual enlouqueceria", dizia-me ele, e efetivamente ele tinha enlouquecido – punha-se a monologar em voz alta.

— Minha paciência está no limite. Além disso, essa mulher não possui atrativo algum, o frescor de sua pele, que era o que tinha de melhor, desapareceu.

Ele se esforçava por pensar o pior possível, e depois era tomado pela angústia. Quando ela se afastava por alguns dias sem dizer aonde iria, ele partia, desvairado, em busca de pistas que ela pudesse ter deixado nas cidades que tinham visitado juntos, nos hotéis onde se tinham hospedado. Voltava abatido dessas perseguições sem resultado. Ele era apenas um detetive que se esforçava em vão para encontrar uma pessoa desaparecida, uma criança fujona.

Podia seguir-se um período de calma. A esperança renascia, a angústia desaparecia. Mas Charles intuía que ela não tardaria a mordê-lo, a devorá-lo de novo. Ele não se iludia, a calmaria não durava muito.

Como Swann, como Charles, também eu vivi, já há muito tempo, mais ou menos na mesma idade que eles, aquilo que, só muito mais tarde, identifiquei como uma paixão – pois, enquanto eu mergulhava nesse estado até me afogar nele, eu acreditava estar vivendo um amor. Mas eu estava errado: a paixão não é um amor exacerbado, é diferente do amor, até mesmo oposta a ele. Ela exige a posse do outro, mesmo sabendo que isso é impossível, e ignora que, por sua vez, é a paixão que o possui.

Sim, como Swann, como Charles, eu também vigiei "minha Odete". Aconteceu-me – e, quarenta anos depois, ainda me envergonho disso – de segui-la, de ficar horas diante de seu prédio, escondido dentro do carro para tentar surpreender o homem, talvez um de meus amigos, que ia à casa dela. Assim eu enfim saberia a verdade e, estranhamente, acreditava que isso apaziguaria meus tormentos. Tentei tirá-la de seu ambiente, de seu clã Verdurin[19], que eu achava medíocre, composta de arrivistas cheios de si, para fazê-la conhecer meus amigos que, esses sim, eram pessoas inteligentes. Queria salvá-la de si mesma e de seu meio, quando, na verdade, era eu quem estava perdido.

Quando me libertei dessa paixão, dessa espécie de tumor "não operável", recuperei a capacidade de amar. O corpo estranho que me invadia havia se dissolvido – milagre do qual não fui o autor. Eu estava curado. Não houve recidiva.

19 Nome da família que, na obra de Proust, é apresentada como um tanto vulgar. (N. do T.)

O exportado

A história de Julien Leroy é de uma banalidade... de chorar! É por causa dessa banalidade que tenho vontade de contá-la, como se eu tivesse a vaga sensação de que ela poderia (nunca saberemos!) ter sido a minha.

Julien amava sua mulher, Nathalie. Mas isso não o impedia de ter o que chamava de "aventuras", geralmente breves, mas numerosas. Nathalie tolerava o que ela mesma chamava de escapadas sem amanhã. Não falavam do assunto entre eles, mas Nathalie não era boba, e Julien estava convencido de que não "enganava" sua mulher. A seus amigos, dizia sorrindo: "É verdade, sou polígamo, mas um polígamo fiel", sem que ficasse claro se ele se considerava fiel a si mesmo ou à sua mulher.

Quanto a Nathalie, ela sem dúvida acreditava que, fechando os olhos, teria seu Julien para sempre.

Mas chegou o dia em que ela achou que ele realmente tinha ido longe demais. Soube pela irmã, que reprovava sua complacência e submissão, que Julien, a pretexto de um "seminário" ao qual o pessoal de sua empresa era obrigado a assistir – "que maçada!" –, tinha passado o último fim de semana com a amante do momento.

— Onde?

— Em Honfleur.

Em Honfleur já era demais! Nathalie e Julien iam regularmente a Honfleur, hospedando-se num hotelzinho, cujo endereço tinham encontrado em um guia de "Hotéis de Charme". O dono os recebia como se fossem amigos, amigos fiéis... Ora, tinha sido lá, justamente lá, Julien lhe confessara na volta, que ele tinha levado a amante e, como agravante de seu crime, a tinha apresentado aos amigos que, ao longo dos anos, tinham feito em Honfleur.

Isso ela não podia tolerar.

Ela decide imediatamente botar Julien para fora.

Ela está calma.

Ele está tomado pelo pânico. Não suporta que ela o abandone. Chora como uma criança. Ela se comove, mas não cede.

Ele vaga como uma alma penada. Rompe imediatamente com a amante. Está totalmente desamparado. Não ousa se apresentar nesse estado diante dos filhos.

Atormenta Nathalie: telefonemas seguidos, cartas cotidianas. Ela não se fia nas promessas, nem nas declarações dele:

— Você é a pessoa mais importante da minha vida,

é só a você que eu amo. — quanto mais ele suplica, mais sua determinação se fortalece.

Passam-se meses. Vejo Julien sempre arrasado. Às vezes, eu o sacudo:

— Vamos, levante-se, o tempo vai se encarregar disso, e depois você já sabe, não vão lhe faltar mulheres, logo a você, o grande sedutor.

Outras vezes, eu o repreendia:

— Lembre-se, você procurou isso. Nathalie tinha boas razões para pôr você para fora.

Às vezes, eu o tranquilizava:

— Tenha um pouco de paciência, ela vai voltar para você.

— Você não a conhece. Ela é de uma teimosia incrível, quando toma uma decisão é para sempre.

Julien deixou a França e foi para a Argentina, longe, bem longe de Nathalie. Vive só. Bebe, frequenta o que chama de "bares de putas". Encontrou emprego num escritório de importação-exportação.

Na carta que ele me mandou outro dia, assinou: *O Exportado.*

Livros dos amores

Aos 15 anos, eu ignorava, num claro atraso em relação a esse lado da vida, quase tudo a respeito das coisas do amor. O que é o amor, o que se pode esperar e temer do amor, me foi revelado por Ronsard. Ainda hoje ele é um dos raros poetas de quem conheço de cor alguns versos, enquanto nada me ficou das longas tiradas de *Britannicus* ou de *Cinna*, que éramos obrigados a decorar para a "prova de declamação".

Eu não conseguia escolher entre Cassandra, Marie e Hélène, surpreso, encantado que estava por descobrir que o erotismo e a poesia podiam andar juntos, que o corpo feminino, do qual eu ainda não tinha me aproximado em toda a sua nudez, podia ficar acessível pela graça apenas das palavras.

Ces mains, ce col, ce front, et cette oreille,

Et de ce sein les boutons verdelets[20]

20 Versos do poema *Ces liens d'or,* de Pierre de Ronsard (1524–1585). Em tradução livre: "Essas mãos, esse colo, essa face e essa orelha
E desse seio os botões nascentes" (N. do T.)

Eu via nisso uma promessa: logo, eu não tinha dúvidas, chegaria minha vez de poder tocar toda a superfície desse corpo, acariciá-lo, apertá-lo, então eu poderia roçar esses seios, cujas formas eu só podia adivinhar, então eu poderia ficar comovido, excitado por uma mulher desconhecida e, quem sabe, excitá-la também.

Eu teria de esperar muito tempo antes de poder dizer à bela adormecida:

Marie, levez-vous, ma jeune paresseuse[21]

Ou, se ela se mostrasse reticente:

Pendant que nous vivons, entr'aimons-nous, Marie?[22]

"Enquanto estamos vivos": aos 15 anos e até muito mais cedo, desde a infância, vi morrerem tantas pessoas próximas, a começar por meu pai, que a morte nunca esteve ausente de meus pensamentos, e Ronsard foi o primeiro a me convencer de que só o amor pode combater a morte. Mas é ela quem vence. Nunca esqueci o soneto *Sur la mort de Marie*:

Pour obseques reçoy mes larmes et mes pleurs,

Ce vase plein de lait, ce panier plein de fleurs,

---

21 "Marie, desperta, minha jovem preguiçosa". Primeiro verso de um soneto de Ronsard. (N. do T.)

22 "Enquanto estamos vivos, amemo-nos, Marie". Do *Segundo livro dos amores,* de Ronsard. (N. do T.)

Afin que vif, et mort, ton corps ne soit que roses.[23]

Mais tarde, montei uma pequena antologia para uso pessoal. Eu copiava fragmentos de poemas num caderno. Perdi esse caderno, sem dúvida durante o período em que a filosofia e a política me desviaram da poesia.

Às vezes, no entanto, alguns versos me voltam à memória:

Ni vu ni connu,

Le temps d'un sein nu

Entre deux chemises[24]

Que fazem eco com o mesmo Valéry:

Dures grenades entrouvertes

23 Poema de Ronsard. Em tradução livre:
"Como exéquias recolhe minhas lágrimas e prantos,
Esta taça cheia de leite, este cesto cheio de flores,
Para que, vivo
e morto, apenas de rosas seja teu corpo." (N. do T.)

24 Versos do poema *Le Silphe,* de Paul Valéry. Em tradução livre:
"Nem visto nem conhecido
o tempo de um seio nu
entre duas camisas!" (N. do T.)

Cédant à l'excès de vos grains[25]

Ou, ainda, de Paul-Jean Toulet:

Prends garde à la douceur des choses, Lorsque tu sens battre sans cause Ton coeur trop lourd[26]

Sim, foi por meio desses poemas que entrevi as múltiplas facetas de Eros, o aguilhão do desejo e os "desequilíbrios sentimentais" (Robert Desnos).

Muito mais tarde ainda, li os poetas que souberam encontrar as palavras para celebrar o amor: Éluard, Aragon, meu amigo Claude Roy. E muitos outros. Mas quando a celebração da mulher amada me parecia excessiva, insistente demais, então eu me voltava para o negro sol da melancolia, encontrava a sombra de Nerval.

L'Amour La poésie (Éluard). *Quelque chose noir* (Jacques Roubaud).

---

25 Versos do poema "As romãs", de Paul Valéry. Em tradução livre:
"Duras romãs entreabertas
Cedendo ao peso de seus grãos". (N. do T.)

26 Versos de um poema de Paul-Jean Toulet (1864-1920). Em tradução livre:
"Atenção à doçura das coisas,
quando sentes bater sem causa,
teu coração pesado demais". (N. do T.)

As mulheres de Ulisses

Todas elas me atraíram, as mulheres que Ulisses encontrou durante sua longa viagem – dez anos – através dos mares. Nelas eu acreditava ver algumas das personagens que, a meus olhos, a mulher assume.

Calipso, a amante. Salvou Ulisses, o mantém prisioneiro em sua gruta, os dois vivem e se amam fora do mundo, fora do tempo; a esse mortal que por pouco escapou da morte, ela oferece nada menos que a imortalidade. Ulisses recusa tornar-se imortal. Ele é um homem, ele sabe que, por estar vivo, não lhe cabe negar a morte, mas enfrentá-la. Carrega um nome, não quer se perder numa multidão sem rosto e sem nome.

Circe, a feiticeira, capaz de transformar homens em porcos e vice-versa, mas também capaz de dar prazer. Não mantém Ulisses cativo, como Calipso: ela o acolhe em seu leito, deixa-o livre para partir. Ele passa noites felizes junto dela. Os dias também são deliciosamente vividos. Os amantes separam-se sem fazer disso um drama.

Não esqueço Penélope, justamente a mulher que não esquece, que espera e que, tecendo e desmanchando seu bordado, ao deixá-lo inacabado expressa sua decisão de não se separar jamais do homem que ama, seu esposo. Por que ele demora tanto para voltar? Sem dúvida ele conheceu, talvez até mesmo amou, durante esses anos de ausência, outras mulheres, mais jovens do que ela, mais belas. Ela permanece.

Mas aquela por quem me apaixonei naquele ano – eu tinha 16 – foi Nausicaa. Eu repetia seu nome, que achava musical, prolongava a última sílaba para que esse nome, como nosso amor, não tivesse fim. Invejava Ulisses, surgindo nu no meio de raparigas alegres, de vozes frescas como a água do riacho onde lavavam roupa. Elas se divertem brincando com bolas, percebem a falta de uma delas, e lançam gritos agudos que despertam Ulisses. Ele surge do matagal. Não é uma bela figura, ele é decididamente repulsivo. As servas, que ele bem gostaria de abraçar – já faz muito tempo que não se aproxima de uma mulher, "o ventre clama" – fogem, assustadas, ao vê-lo. Apenas Nausicaa permanece, ela desconhece o medo. Dir-se-ia que ela reconheceu imediatamente, nesse náufrago imundo – que dentro de um instante vai-se tornar belo como um deus –, nesse homem, que ela não sabe nem quem é nem de onde vem, aquele que ela espera desde sempre. Nele ela verá a possibilidade do cumprimento de uma promessa, de um voto secreto enfim atendido.

E ele, ele vê nela essa maravilhosa palmeira, vista de Delos, que sobe até o céu.

Como me encantou essa cena, quando a descobri na *Odisseia*! E como ela me encanta ainda hoje, agora que estou (aparentemente) bem longe dos meus 16 anos, quando é contada por Jean-Pierre Vernant, que a faz reviver com palavras novas. Eu me vejo desembarcando em um país longínquo, emergindo de outro matagal que não aquele de Ulisses, o matagal onde fui deixado por uma série de noites insones, estou extenuado, hirsuto; mais que estrangeiro, eis que estou desorientado, perdido, os sons que escuto vêm de uma língua desconhecida. E, quando os olhares se afastam de mim, como se eu fosse um mendigo ameaçador, uma jovem me acolhe, me fala com voz doce e eu compreendo o que ela me diz. Ela me encontrou, eu me reencontro. Ela é bela, eu me vejo belo. Ela é minha palmeira de ouro.

Caminhamos. Ela segura minha mão, sabe para onde nossos passos nos conduzem. E, novo milagre, mas que parece natural, ela me apresenta a seu pai, que não me pediria nada mais do que receber sua filha.

A cena poderia se passar em qualquer lugar: numa cidade fervilhante da imensa China, numa aldeia perdida nas montanhas, numa ilha coberta de flores, nos confins de um deserto ou nos arredores de Londres, onde eu me teria perdido. Sim, o lugar pouco importa, desde que lá exista uma Nausicaa que me reconheça sob os traços desse desconhecido anônimo que está diante dela.

Quanto às sereias, acredito jamais ter encontrado alguma, ou então as que encontrei eram pálidas réplicas daquelas que queriam atrair para a morte os companheiros de Ulisses, tendo ele próprio quase sucumbido ao charme delas. Muito depressa – ora, para alguma coisa serve a experiência – aprendi a discriminar entre as mulheres sedutoras e as abertamente provocantes. Aprendi a desvelar a lisonja que mal esconde a inveja maldosa, a me manter à distância das "incendiárias", que se desmontam quando o fogo que elas atiçam corre o risco de pegar. Devem ter sido sereias desse tipo, as enganadoras, que me levaram a desconfiar das aparências e a sonhar com mulheres que eu considerava "naturais". Essas não teriam necessidade de recorrer a qualquer disfarce. Mulheres simplesmente felizes por serem mulheres, diferentes dos homens e diferentes entre si, e tanto mais amáveis por não procurarem ser amadas nem agradar a qualquer preço. Certamente existem algumas assim.

Como disse, caí imediatamente de amores por Nausicaa. Mas não é a ela que devo minha emoção mais intensa. Quando Ulisses finalmente retorna a Ítaca, quem é o primeiro a reconhecê-lo? Alguém de nome

Argos, um cão. É velho, tem um aspecto asqueroso, está cego, quase morto, deitado sobre um monte de lixo. Levanta um pouco o focinho, cheira esse homem que é, como diz Vernant, seu duplo; depois de tantos anos, ele sabe que esse mendigo miserável só pode ser seu dono, Ulisses, o rei de Ítaca.

Para todos os outros, para Penélope, a esposa, para Laerte, o pai, foram necessárias provas, eles precisaram de sinais. Argos, no entanto, não precisou de provas. Ulisses fica comovido, lágrimas correm de seus olhos.

Roger Grenier deu a seu cão o nome de Ulisses. Meio de brincadeira, meio a sério, eu disse várias vezes a Roger que esse cão foi o maior amor de sua vida, senão o único! A meu cão, dei o nome de Orestes. Ele "entrou em minha vida" – sim, posso dizer assim – quando eu tinha vinte anos. Não nos largamos durante anos. Eu o levava a toda parte. Depois, chegou o dia em que me separei dele. Na época, eu viajava com frequência para o exterior com uma mulher. Ele não era aceito nos hotéis, minha companheira achava que ele atrapalhava um pouco. Confiei Orestes a um amigo. Ele morreu em pouco tempo.

Ainda hoje, dezenas de anos depois, não há semana em que eu não sonhe com ele. Era um Cocker negro – grandes orelhas caídas, nem sempre muito limpas, olhos tristes. Ele se contorcia de alegria quando eu voltava para casa, festejávamos nossos reencontros.

Creio que se depositam nele todas as minhas perdas e tudo aquilo que creio ter-se perdido em mim – e que reaparece de novo em meus sonhos noturnos.

Ó, fique, não me abandone, você que eu abandonei.

Gisela/Gradiva

Ela tem 15 anos. Ele, 16. Uma família amiga convidou-a a passar as férias de verão em F. Era lá que ele tinha nascido, vivido seus primeiros anos. Nunca mais tinha voltado ali.

Ele se apaixona imediatamente por ela. Seu nome é Gisela. Ele a chama – ele ainda está no colégio, talvez seja um pouco pedante – *Ichtyosaura*, peixe de rio (o sobrenome dele é *Fluss*). Ela lhe parece de uma beleza selvagem, ele mal tem coragem de falar com ela. Ela é uma aparição, semelhante, ele escreve a um amigo, a um lindo dia de primavera.

O encontro é breve: Gisela precisa voltar para a escola. Então ele caminha sozinho pelo bosque, dizendo a si mesmo que, se não tivesse deixado sua terra natal, teria crescido junto à jovem, teria se casado com ela, e ela o amaria como ele a amava.

Retrospectivamente, lhe surge uma dúvida: sua inclinação não se teria dirigido mais à mãe de Gisela? Em relação ao amor de sua própria mãe, ele sempre teve certeza, o que eu certamente não sou o único a invejar: "Quando se foi declaradamente o filho predileto da mãe, a pessoa conserva por toda a vida esse sentimento de ser vencedor, essa certeza de sucesso que, na realidade, raramente deixa de se confirmar".

Alguns anos depois do aparecimento e desaparecimento daquela jovem, ele encontra outra, numa visita ao Museu do Vaticano, onde vê um baixo-relevo antigo, representando uma moça a caminhar. Ela está com um pé levantado, que roça o chão. Seu passo é mais o de uma dançarina do que de uma caminhante. Ela ergue a barra do vestido, para que esse não atrapalhe seu movimento. É a jovem que avança, ao mesmo tempo séria e leve, ela também com a certeza do sucesso.

Ele compra uma cópia do baixo-relevo. Vai colocá-la em seu escritório, irá levá-la consigo para a cidade onde será obrigado a exilar-se no fim da vida. Jamais irá se separar de Gradiva.

Essa jovem será vista por todos os inúmeros visitantes que ele receberá. Imagino que, para ele, ela represente a "jovem ciência" que ele se orgulha de ter inventado.

Seu amor pela outra jovem, Gisela, reencontrada durante as férias em sua terra natal, permanecerá em segredo. Ao se tornar célebre e assediado por biógrafos, ele evocará seu primeiro amor, mas atribuindo-o a uma outra (trocar o pronome *eu* por *ele* e, às vezes, o *ele* por *eu,* é um processo que utilizo também com prazer, e não apenas neste livro...). O que ele confessa, então? Que se tornou extraordinariamente indiferente àquela jovem, e que a única coisa de que se lembra com precisão é do amarelo de sua roupa. Esse amarelo permanece vivo dentro dele para sempre. Ignoro se havia, no original, algum amarelo na roupa da Gradiva... Mas nós sabemos que a mãe daquele de quem aqui eu falo o chamava de seu "*Sigi de ouro*".

Entre Gisela e Gradiva, muitas outras mulheres foram importantes para ele.

Para começar, Amália, sua mãe. Quando ela morreu, aos 95 anos (a mesma idade com que morreu minha mãe), ele escreveu a um de seus discípulos: "Eu não tinha o direito de morrer enquanto ela vivesse, e agora tenho esse direito." Experimenta, diz ele, "um sentimento de alívio, de libertação". Ele não assistiria ao enterro.

Durante os primeiros tempos de sua infância, ele teve "Nannie". Ele a chamou de sua "professora de sexualidade", ou de sua "geradora de neurose", ou ainda sua "velha babá pré-histórica". Ela lhe falava das chamas do inferno. Ele gostava muito dela, essa ladra que foi condenada a dez meses de prisão.

E depois, bem mais tarde, aos 26 anos (teria ele se conservado virgem até então? Mistério...), fica noivo de Martha. O noivado vai durar quatro anos. Escreve a Martha quase todos os dias – ela morava em Hamburgo, ele, em Viena – cartas apaixonadas. Mostra-se ciumento, desconfiado, possessivo. Depois do casamento, quando ele viaja, ela recebe cartões postais endereçados à "Família Freud": ela se tornou *Frau Professor*.

Havia Minna, a cunhada que dormia no aposento ao lado do quarto do casal. Ele viajou muitas vezes com ela, que não era bonita, mas, aparentemente, mais viva, mais dinâmica do que a irmã Martha.

Havia Anna, sua filha mais velha, que, velho Édipo, ele chamava de sua Antígona. Ao referir-se a ele, como já ouvi acontecer, ela sempre dizia *Mein Vater*. Aos 18 anos, ela fez sua primeira análise com *ihr Vater*, o que as instituições psicanalíticas consideram pouco recomendável.

Havia a bela Sophie, outra de suas filhas, cuja morte repentina em 1920 abalou-o profundamente.

Havia Paula Fichtl, a governanta fiel, que acompanhou a família a Londres. As caixas cheias das estatuetas que povoavam o gabinete do Professor também o acompanharam. Mas três de suas irmãs ficaram em Viena. Foram deportadas e exterminadas nos campos. Será que ele se sentiu culpado? Não sabemos.

E depois, e depois, a lista das "mulheres de Freud" é bem conhecida, não preciso citar mais do que duas delas.

Lou Salomé, apaixonada por belas totalidades, enquanto ele era atraído pelo fragmentário. E se toda a distância entre a "integradora" e ele estivesse contida nessas palavras que ele lhe dirigiu? "Contraio artificialmente minha visão a fim de concentrar toda a luz sobre algum ponto obscuro, renunciando à coerência do todo. Meus olhos, habituados à obscuridade, não suportam uma luz viva demais e um campo visual tão vasto."

Marie Bonaparte. Parece que a pergunta: "O que quer uma mulher?", que fez correr tanta tinta, tinha como destinatária "a Princesa", que se lamentava de ser frígida.

Não foi a essas nem a outras que ele deve a invenção da psicanálise. É a Elisabeth von R., a Emmy von N., a Lucy, a Katharina, a Dora, que se tornou uma heroína. Elas lhe deram o fio da meada, essas histéricas inalcançáveis.

Ele dirá a uma poetisa americana, que veio se deitar no divã do Professor por alguns meses:

— O problema é que sou um homem muito idoso, não creia que valha a pena me amar.

Nunca falar *da* Mulher. Amar aquelas que aparecem e desaparecem "como um lindo dia de primavera", amar aquelas que caminham. Cair e renascer no amor.

Castos amores

Já mencionei, aqui ou em livros anteriores, o ano que passei no Egito. Eu tinha 23 anos. Lecionava Filosofia – enfim, o pouco do que eu sabia – no liceu francês de Alexandria, no qual havia, na minha classe, mais meninas que meninos. Dessas meninas, mais para bonitas no conjunto, sorridentes, mas muito sérias – elas precisavam, acima de tudo, passar no exame – não guardo qualquer lembrança precisa. Exceto por uma, que não era aluna minha, mas que vinha muitas vezes encontrar a irmã mais nova na saída do liceu.

Chamava-se Nicole Angel (esse é seu nome verdadeiro; se ela ainda estiver viva e por acaso ler estas páginas, o que pensará de mim?).

Era uma mocinha bastante frágil, tímida. Eu a achava encantadora. Eu lhe falava da irmã, numa conversa de professor, do tipo:

— Catherine é inteligente, mas não consegue organizar as ideias, suas redações refletem essa falha.

Nicole Angel me escutava:

— O senhor tem razão, eu tenho esse mesmo defeito.

Eu achava que ela estava à espera de alguém que a

soubesse guiar, lhe dar confiança. Seria eu esse alguém. Mas era importante não me precipitar, não a assustar com uma abordagem muito explícita, avançar devagar, passo a passo. Minha estratégia revelou-se eficiente. Eu a acompanhava ao mercado, ela me acompanhava no passeio à beira-mar. Fiquei sabendo que ela e a irmã viviam sozinhas com a mãe, o pai ficava em Chipre por conta de suas atividades comerciais. Perfeito: esse não seria obstáculo a nossos encontros, ao que eu acreditava ser nosso amor nascente. Quanto à mãe, a quem, depois de alguma hesitação, Nicole me apresentou, ela se mostrou favorável à minha presença, chegando mesmo a agradecer a atenção que eu dava à... pequena Catherine. Ela era tão gorda, por conta dos doces que devorava durante todo o dia, quanto Nicole era magra, o que me preocupava com relação ao futuro: será que Nicole iria ficar parecida com a mãe, mais tarde?

Tive a ideia de montar uma peça de teatro – minhas aulas terminavam às 13h e me deixavam bastante tempo livre. Os atores seriam alguns colegas de quem eu gostava e, se ela concordasse, Nicole Angel. Ela concordou. Eu lhe confiei o papel da jovem protagonista e, é claro, fiquei com o papel do jovem protagonista. É claro também que nossos personagens estavam secretamente apaixonados, e a peça terminava – invenção do diretor, que também era eu – com uma troca de beijos que eu soube prolongar o mais possível, até o descer da cortina. Momento inesquecível.

A apresentação, que se deu no salão de festas do liceu, foi um sucesso. Precisamos agradecer à plateia, Nicole e eu, de mãos dadas, inúmeras vezes.

Depois disso, Nicole foi ficando cada vez mais confiante.

Um colega e sua mulher, que tinham carro, convidaram-me para acompanhá-los a uma praia distante, deserta. Nós passaríamos a noite lá, dormiríamos em cabanas, e tomaríamos banho nus. Convidei Nicole para ir conosco, sem mencionar a intenção do banho...

Na praia, o sol era escaldante. A noite era fresca, dentro da cabana. Dormimos, Nicole e eu, lado a lado, castamente.

No caminho de volta, sentados no banco de trás, ficamos abraçados por todo o trajeto.

Alguma coisa me impedia de avançar mais. Eu tinha certeza de que Nicole era virgem, e eu não conseguia suportar a ideia de figurar como um "vil sedutor", ainda mais que eu deveria voltar para a França no ano seguinte. Mas devia haver algo mais nesse interdito que me impedia de transgredir. O que eu amava em Nicole era a menina, e temia deixar de amá-la quando ela deixasse de ser uma menina. Além disso, esse nome, Angel, a aproximava da pureza de um anjo que não se deveria conspurcar...

Outro interdito, esse bem real, veio reforçar o meu,

mais ou menos imaginário: o pai de Nicole voltou de Chipre. Era um homem que não transigia quanto a princípios: sua filha não iria conviver nem mais um dia com esse professor, cujas intenções eram muito claras (quando na verdade elas o eram tão pouco). Ele recriminou energicamente sua mulher por ter se mostrado tão complacente. Suspeito até que tenha exigido da diretora do liceu que ficasse de olho em mim: a virtude das meninas sob minha responsabilidade poderia estar ameaçada.

O assunto morreu aí. Nicole Angel desapareceu da minha vida, mas não da minha memória.

Como é preciso que "a Senhora Natureza faça valer seus direitos" – expressão que meu amigo P., que entendia dos direitos em questão, gostava de usar –, fui "beijar" – é a palavra adequada, e meu mestre Sartre, com *A náusea*, lhe concede, se posso dizer assim, uma condição de nobreza em literatura –, fui então beijar Madame Dubois. Ela dava aulas de ciências naturais num colégio religioso vizinho, e não ignorava também essa outra ciência que é o amor físico – nem seus artifícios.

Assim instalou-se uma espécie de equilíbrio entre meu casto amor por Nicole Angel, desde então desaparecida, e aquilo que Madame Dubois chamava de nossos momentos de pernas para o ar, expressão que não me agradava muito, pois eu desejaria que, mesmo no calor de nossos encontros, se infiltrasse um pouco de sentimento.

— Mas, meu pequeno — ou meu grande, dependendo do dia —, é preciso desconfiar sempre dos sentimentos, eles só servem para complicar a vida, que já é bastante complicada sem isso.

Eu não via em que a vida dela era complicada. Seu marido, de quem os rumores diziam que só se interessava por jovens árabes, dava-lhe inteira liberdade, que lhe convinham tanto quanto a ela.

Em junho, fui ao Cairo, prestar os exames escritos de admissão. No fim de cada prova, Marthe Vanier estava à minha espera. Eu a tinha encontrado duas ou três vezes em Alexandria, acompanhando o marido, que trabalhava na Embaixada da França e vinha visitar o cônsul. Tínhamos simpatizado um com o outro. Eu a tinha achado bonita, um pouco distraída, durante uma cerimônia protocolar no consulado. Ela demonstrava uma doce e secreta melancolia (de onde viria?) que, eu lhe tinha dito, sempre me atraiu nas mulheres. Não pensei que teria oportunidade de revê-la.

No entanto, nesse dia de junho, lá estava ela, me esperando na saída do local onde eu fazia as provas. E, nos dias que se seguiram, lá estava ela também.

Para fugir do calor escaldante e da luz ofuscante das ruas, procurávamos lugares com sombra: cafés, um jardim às margens do Nilo, uma barcaça não muito afastada. Sim, a sombra nos convinha, era isso que convinha ao que eu acreditava ser, como antes com Nicole, amores nascentes, para sempre nascentes e sem futuro.

Ao longo de nossos passeios, eu lhe resumia a redação que eu tinha acabado de redigir febrilmente, em vez de confessar quanto me sentia próximo dela, atraído por ela – isso ela sabia muito bem. Enquanto eu discorria sobre assuntos herméticos, como as relações entre a inteligência e a intuição, ela me interrompia com expressões como:

— Que interessante! Mas, sabe, não compreendo muito bem tudo isso!

Então eu a abraçava, com a intuição de que me sentia realmente bem perto de Marthe, calmo, feliz, confiante talvez como nunca mais eu me sentiria, e depois a maldita inteligência me sussurrava: “Isso tudo não vai levar a nada. Ela ficará no Cairo junto do marido. E você vai voltar para a França. Mais uma vez você está criando ilusões”.

A inteligência venceu a intuição, sem a anular totalmente.

Esse foi o segundo de meus amores castos, naquele ano.

Não sei bem se é a Nicole Angel, tão terna e pudica, à alma sensível de Marthe Vanier, a seus grandes olhos claros, abertos sobre sonhos irrealizáveis, ou ao corpo sensual da voluptuosa Madame Dubois que devo meu inesperado sucesso nos exames de admissão.

De longe

Eu me lembro de um amigo – polonês, para ser preciso. Ele convidara para jantar uma jovem que lhe atraía. Comida deliciosa, uma excelente garrafa de vinho de Saint-Julien. Sua convidada mantinha-se reservada. Ele se esforçava para fazê-la rir, para emocioná-la, contando alternadamente episódios saborosos e dramáticos de sua vida.

Meu amigo polonês terminou rapidamente o jantar.

— Agora — declarou sem delongas para a jovem, bastante confusa — para a cama!

Ela o seguiu. Deixou-o pela manhã, depois de engolir uma xícara de café.

Essa história me vem à mente agora que, procurando um romance de Barbey d'Aurevilly com a vaga ideia de que ele poderia ser objeto de uma sequência do livro que eu iria escrever, retiro de minha biblioteca uma *Antologia dos trovadores.*

Percorro a tal Antologia. Nada de ir direto para a cama. Não é o tipo de proposta que se faz à "Dama".

O amor cortês, que não é, afinal de contas, senão outra forma de sedução, não está mais na moda. No entanto, acho que mantenho alguma nostalgia dos amores *de longe*.

Encontrei Laura em um barco que fazia um cruzeiro entre ilhas gregas. Éramos muito jovens. Seus pais a acompanhavam, eu estava com minha mãe. Ela vinha de um país que a meus olhos parecia muito distante, creio que era a Nova Zelândia. Raramente encontrávamos meio de nos afastar dos nossos pais e dos outros passageiros. Quando conseguíamos, trocávamos algumas palavras, ela não sabia uma única palavra de francês, eu falava inglês muito mal. Olhávamos o mar, encostados na murada do barco, acreditávamos ver golfinhos. Gritos de alegria, mãos entrelaçadas, beijos tímidos, promessas de que nos escreveríamos quando a viagem terminasse.

Não nos escrevemos. Mas durante muito tempo tive prazer em sonhar com essa mocinha, em imaginá-la lá longe, em seu país no fim do mundo. Ela era minha "princesa distante"... Sem dúvida era porque eu a mantinha tão distante, que podia manter presente sua imagem. Essa imagem está permanentemente fixada à época em que eu descobria, encantado, as Cíclades.

Não chegamos a desembarcar em nenhuma dessas ilhas, o que aumentava ainda mais minha atração por elas. Capricho do capitão? Alguma avaria no barco? Não importa. Nós só as entrevimos de longe. Elas se mantiveram inacessíveis. Curiosamente, nunca tentei conhecê-las depois, nem mesmo procurei me aproximar delas.

Muitos autores – Molière, Stendhal, Proust e Freud, mais diretamente – ressaltaram a supervalorização do ser amado. Tudo bem, mas qual será a valorização adequada, a medida certa?

Conheci alguém que, como um vendedor que elogia o produto que oferece ao comprador, decantava as qualidades da mulher com quem vivia:

— Ela é bonita, inteligente, culta, de boa família, sabe fazer amor e cozinha muito bem.

Acreditava estimá-la no seu justo valor. Ignorava que cada um *inventa* sempre a pessoa a quem estão ligados. Esse homem não estava apaixonado. O amor, por sua própria natureza, é superestimação. Nunca é realista.

Mesmo quando estamos mais próximos, o horizonte permanece distante, da mesma maneira como o visível atua sobre o invisível, e a mulher que abraço hoje me faz encontrar a ilha onde – quanto tempo já faz? – eu não pude desembarcar.

Louise e Gustave

Trocaram centenas de cartas. As que ele manda são longas, cotidianas, ou quase, durante algum tempo; isso dá a ele alguma vantagem: as cartas permitem manter Louise a distância.

Todas essas cartas trocadas – que dariam um bom volume – poderiam ser resumidas em duas frases. Ele:

"Oh, mulher, mulher, seja-o menos, não o seja além da cama!"

"O coração! O coração, oh! Que palavra funesta!"

Mas ela, poetisa premiada pela Academia Francesa, com habilidade para se introduzir no "meio literário", ela que venera Musset, de quem fará um de seus múltiplos amantes, o que ela quer, o que ela exige, o que ela não consegue obter de Gustave, são as "ternuras", é o "sentimento".

Ele leu *Graziela*. Que hipócrita, esse Lamartine!

— Eis um espertalhão que vive o tempo todo com uma mulher que ele ama e ama, e jamais sente desejo. Nenhuma nuvem impura vem obscurecer esse lago azulado. Vamos falar de maneira clara: ele trepa ou não trepa com ela? Musset não vale muito mais, esse “senhor de Musset” que acha que a “música foi feita para as serenatas, e a poesia, para consolar os corações”!

Como ele se diverte, o Gustave, caçoando dessas mulheres que pretendem amar apenas a alma, enquanto esse “bravo órgão genital está no fundo das ternuras humanas”. Elas bem o sabem, mas preferem mentir para si mesmas. Será preciso lembrá-las de que “nenhuma mulher jamais amou um eunuco?

No começo da relação – ele tinha 24 anos, ela, 11 a mais –, Gustave precisou se mostrar um amante fogoso e, na cama, Louise deveria esquecer a poetisa etérea.

Dois anos depois de se conhecerem, ele viajou para o Oriente, com seu amigo Maxime, de quem Louise tinha ciúmes. Quando ele voltou, ela não o deixou. Sua correspondência foi retomada, durante cinco anos. Ele a encontrava de vez em quando, mas estava tomado por uma única paixão: a literatura. Tinha mergulhado na literatura como quem adere a uma religião. Sonhava com escrever um “livro sobre nada, que se sustentaria apenas com a força do estilo”. Como Louise poderia competir com Emma? Aquela lá, *sua* Bovary, o fez sofrer. Viveu altos – e exultava – e baixos – era tomado pelo desânimo. Voltava a ela continuamente, só pensava nela – no livro.

Em seus "Mementos", Louise expressa seus lamentos. "Não sinto que ele me ama como eu o amo [...]. Ele quis estar nos meus braços. Não sinto nenhum prazer nisso [...]. Preciso admirá-lo pela inteligência, pois pelo coração sinto dolorosas lacunas [...]. Não devo esperar nada, nada pedir [...]. Talvez tenha sido uma infelicidade tê-lo encontrado [...]. Parece-me que a morte me seria doce [...]. É um ser à parte, ou talvez um *não ser*."

Dois anos mais tarde: "Desisto de escrever para ele". Mas não desistirá.

O último bilhete – acabaram-se as cartas intermináveis – que ela recebe de Gustave é o seguinte:

"Madame,

Soube que a senhora se deu ao trabalho de vir, ontem à noite, três vezes, à minha casa.

Eu não estava. E com medo das humilhações que uma tal persistência de sua parte poderia provocar da minha parte, a elegância me leva a avisá-la: não estarei nunca.

Tenho a honra de saudá-la."

A elegância... Ele sublinhou as palavras *não estarei nunca*. Não estaria nunca onde Louise gostaria que ele estivesse?

Gustave e Louise estavam de acordo quanto a um ponto:

— Talvez meu coração seja impotente — dizia ele.

Grosseiro, às vezes patife, mas desesperadamente lúcido, o eremita de Croisset.

“Se o sentimento da insuficiência humana, do vazio da vida, viesse a perecer, seríamos mais bichos do que os pássaros.”

Pode ser que Gustave, esse incansável fanfarrão da tolice, tenha achado irremediavelmente tola sua “velha amada”. Ela, e todas as Bovarys do mundo, essas românticas que se nutrem da ilusão do amor, essa palavra “saco de gatos”, que serve para dissimular o vazio de suas vidas.

Só restou a Gustave o consolo de descrever a ilusão, já que não pôde escrever, aquilo que foi também o desejo de Mallarmé, um *livro sobre nada.*

Dez anos após a ruptura, Louise, acompanhada de sua filha, vê Gustave de longe. Ela exclama:

— Meu Deus, como ele está feio! Mas veja só como ele está feio!

Assim se vingam as antigas amantes.

A sultana

— É absolutamente necessário que o senhor leia essa novela de Balzac.

Esse homem nunca tinha falado de suas leituras, aliás, eu não o imaginava um grande leitor. Então, por que esse "absolutamente necessário"?

Ele conta:

— É a história de um soldado de Napoleão, na época da expedição ao Egito. É feito prisioneiro, e consegue escapar. Anda por um deserto de areia e acaba encontrando refúgio numa gruta. Exausto, adormece. De repente, ouve um som como o de uma respiração. Depois, dois clarões amarelos e um odor forte: uma pantera está dormindo a seu lado, o focinho tinto de sangue. Deve matá-la? Mas e se falhar? Ele será devorado.

E então vai acontecer uma coisa incrível, que me perturba. Imagine o senhor que essa pantera – é uma fêmea – se revela a mais doce das mulheres. Ele lhe acaricia o ventre, brinca com ela, deita-a de costas. Se ele dá alguns passos lá fora, ela o acompanha. Chega mesmo a se mostrar ciumenta.

Eles estão apaixonados. A novela se chama *Uma paixão no deserto*.

Entendi por que esse homem se tinha emocionado tanto com a novela de Balzac, porque queria tanto que eu a lesse. Quando o encontrei, ele tinha acabado de viver uma paixão que o tinha esgotado, uma paixão por uma mulher de quem, de início, ele tinha desconfiado – ela tinha a reputação de ser terrível, dizia-se que era uma devoradora de homens – e depois ela se tinha mostrado tão carinhosa com ele, tão sedutora, tão apaixonada, que ele se tinha deixado encantar, envolver. Até o dia em que, por um motivo que ele achava fútil, tinha-o ameaçado com uma faca, com uma expressão de puro ódio. Ele não a reconheceu mais. Fugiu. Tinha medo de querer matá-la, ele também.

Depois disso, longe de se sentir aliviado, ele conheceu o deserto: o mundo lhe parecia infinitamente vazio, sem significado. Não sentia mais nada. As mulheres não exerciam a menor atração sobre ele. Não conseguia abandonar sua pantera, sua "sultana do deserto", como se quisesse ficar sozinho com ela, enfurnado numa gruta, para sempre.

Ao escutá-lo, me parecia que a estranha paixão descrita por Balzac podia bem ser o protótipo de todas as paixões devoradoras, aquelas que nos transformam em possuídos, enfeitiçados, antes que o ódio escondido triunfe sobre o amor declarado.

Difícil sair da gruta sombria.

Perder a cabeça

Eles se encontram no restaurante de um luxuoso hotel parisiense. Ele conversa com a mulher que organizou o encontro, não presta atenção à outra mulher a seu lado, e eis que ela se põe a falar da reversibilidade da lei de Carnot, de Einstein, do espaço-tempo. Isso o seduz, espanta-o que tudo isso venha da parte dessa mulher elegante, vestida por grandes costureiros e que, alguns dias mais tarde, relatando a noite, anotará em seu diário:

"Estávamos sentados no salão, num diálogo fascinante que continua e continua." Ele lhe diz, com uma voz um pouco cantante, seus últimos versos. "São mais do que eu esperaria de qualquer ser vivente." Ela se entusiasma! "Essa é a beleza, música e forma que reveste o espírito. Ah, meu reino! Meu único reino! Cerne e fim de mim mesma..."

Essa é a cena inaugural daquilo que viria a ser... o quê? Uma paixão abrasadora? Correspondida? Uma loucura a dois? Um desastre? "Um diálogo fascinante que continua e continua" ou um mal-entendido permanente?

Logo se tornam amantes. Ele é casado, tem filhos. Já é uma pessoa célebre. É considerado um autor difícil, um poeta exigente, cujo mestre seria Stéphane Mallarmé. Um amigo lhe conseguiu um emprego bastante modesto, que lhe garante o que para ele significa sua liberdade essencial: a de levar cada vez mais longe seus exercícios intelectuais. A inteligência é seu forte. Esforça-se para pensar aquilo que pensa. Ele medita freneticamente.

É um homem ao mesmo tempo afável e secreto. Não desdenha das futilidades, mas o que ele mais preza são seus "cadernos", onde anota ao amanhecer, assim que sai do sono e dos sonhos, suas mais estranhas ideias, seus pensamentos em estado nascente, tais como lhe vêm, em desordem, fulgurantes, com a rapidez de um raio. Há nesse homem alguma coisa de iluminado. Leonardo da Vinci é seu modelo – inatingível, ele bem sabe.

Ela está em processo de divórcio. Tem um filho. Sua família é muito rica. Seu pai, um renomado cirurgião, foi há pouco tempo assassinado por um de seus pacientes. Ela não concluiu os estudos e tenta, com 34 anos, passar no *baccalauréat*. Adora esportes. Sabe muitas línguas e se interessa por todos os tipos de assuntos: biologia, física, química, filosofia (Spinoza), teologia. Esse conhecimento múltiplo não é organizado, oscila em todas as direções. Ela também é muito inteligente. Sua inteligência é uma paixão ardente, como a dos místicos. Mas a inteligência dela não conseguiu encontrar seu objeto.

É alta, longilínea, elegante, com um ar um tanto masculino. Sofre de tuberculose. Ele é magro, bem pequeno; rosto ossudo, olhos claros sempre alertas.

Ela o convida para passar alguns dias com ela na Dordonha. O lugar é bonito, favorece a calma e, - por que não?, - a felicidade. Mas tudo sai mal, muito mal. Ele descreve seu estado a um amigo: "Calores insuportáveis nas mãos, pulso acelerado, estômago desastroso, sistema nervoso em colapso". Em resumo, ei-lo totalmente desequilibrado, logo no momento em que ele se encontra com a mulher amada. Seu corpo, como o das histéricas, fala por ele.

Será que P.V. (é assim que ela se refere a ele, pelas iniciais, mas ela o chama de *Lionardo mio*) vai perder a cabeça? Para ele, que tanto queria ser puro intelecto, isso seria uma catástrofe... E ela, o que quer ela? Será que ela mesma sabe? Que o amor a faça perder a cabeça? Certamente, não. Isso seria pôr um fim àquilo que lhe importa acima de tudo: as trocas "espirituais", essa conivência tão profunda que eles chegam a ignorar o que vem de um, o que vem do outro. Ele é "seu irmãozinho querido". Seu sonho: que os cadernos secretos de P.V. e o diário íntimo de C.K. tenham uma correspondência tal que cheguem a formar uma única obra.

Haverá nela uma exigência que logo se manifesta: que ele seja todo dela? Não creio, ainda que ela se mostre ciumenta, ainda que se queixe de que ele demora a lhe escrever. O que ela lamenta é que ele não seja *todo dele* – e, então, estaria mais perto dela, cada qual com sua verdade –, que ele se disperse. Como, por exemplo, ele pode passar tanto tempo com essa Jeanne Mühlfeld, essa socialite que ela detesta? Ela a chama de "pateta", de "arroz de festa", a esfarrapada de sobrenomes ridículos, Mühlpilate, Tisífone, Tisi! Indigna dele, indigna dela, que tem seu orgulho e sabe, quando surge a ocasião, usar artilharia pesada.

Ela alugou para os dois um quarto mobiliado em Paris. Aí eles se encontram, se separam. Ele não quer abandonar o apartamento da rue de Villejust, sua mulher, os filhos. Ela diz: "Seu curral de carneiros, seu gado". E lhe dirá sobre ela que "preferiria se jogar num poço a sair de repente dessa tumba etrusca para correr atrás de qualquer objeto de desejo".

Geralmente é ela quem exige, quem redobra as reclamações. Às vezes, é ele quem se lamenta, suspira, chora. Ele, o puro intelecto, chega a se comportar como um tímido apaixonado.

Afastamentos, reencontros. Romper, se procurar, se perder, romper de novo. Fugir para respirar, sofrer com a ausência. Toda a história deles se mantém nessas alternâncias, nesses movimentos contraditórios. Eles são dois. A unidade é impossível.

Em um de seus *Cadernos*, ele escreve: "Eles sofrem por não poderem se assumir nem se esquecer. Gostariam de se fazer morrer, um ao outro. Cada um está possuído pelo outro. Eles se matam entre si."

Eles se matam entre si. Sempre, no fundo da paixão, o assassinato recíproco.

Valéry dedicou *Eupalinos* a Catherine Pozzi[27]. A paixão em sua exaltação, sua loucura – será preciso dizer: em sua tolice? Mesmo quando ela se apossa de duas inteligências excepcionais – despedaça qualquer arquitetura.

Ela pediu a seu advogado que queimasse as cartas de "Lionardo mio". Ele guardou as cartas que recebeu dela.

Très haut amour é o título do conjunto de poemas de Catherine Pozzi. Um amor muito elevado: quem pode se manter a tal altura? Algumas mulheres. Bem poucos homens.

27 Poetisa francesa (1882-1934). (N. do T.)

O outro mundo dos amantes

Inglaterra, Midlands, anos 1920.

É, de início, a história de três solidões.

Clifford: a metade inferior de seu corpo está paralisada, sequela de uma grave lesão. Ele está impotente, sem forças. Fecha-se naquilo que resta de si mesmo. Sabe manejar a ironia, pratica a autodestruição. É muito arrogante diante daqueles que considera inferiores. Seu olhar é, ao mesmo tempo, vazio e desafiador. Orgulha-se de estar vivo, apesar de tudo, e repete a si mesmo: "Bem, eu não estou morto", ele repete essa frase para convencer-se, enquanto sabe que a morte está nele, e que ele não é mais do que uma sombra. Move-se numa cadeira de rodas. Diz que alguém deveria abatê-lo com um tiro de pistola. Lê Proust.

Constance, sua jovem mulher. É bela. Grandes olhos azuis, uma voz doce, corpo robusto de camponesa. Ela se obriga a manter-se ativa, se impõe uma implacável disciplina. Mantém o sexo fora do seu pensamento. É prisioneira do marido ou de si mesma? Espera por uma libertação, sem saber de onde poderia vir. Gosta de desenhar. Em seus maus dias, quando tudo parece cinzento, ela chega a desejar que acontecesse alguma coisa que destruísse o mundo, que o transformasse num deserto.

Parkin: sua mulher o abandonou. Ela o tratava como um capacho. Ele se vê perdidamente solitário. Para ele, todo estranho representa um perigo. Acha que não há nada tão ruim quanto as mulheres. Mora numa pequena casa no fundo de um bosque, dispõe também de uma cabana, onde se dedica a diversos trabalhos, e de um galinheiro, onde cuida de galinhas e de faisões jovens. É o guarda-caça da área, percorre o bosque com passos pesados, espingarda ao ombro, com sua cadela Flossie, à procura de armadilhas colocadas por caçadores furtivos.

Como pano de fundo, a guerra que tinha recém terminado. E, não longe do solar onde Clifford e Constance vivem, sobrevivem, uma aldeia sinistra e uma periclitante bacia carbonífera, que exala fuligem e odores sulfurosos. Os mineiros trabalham para Clifford. A luta de classes propaga-se, ela se adivinha nos rostos, nos olhares hostis, invejosos, mas não é declarada.

O solar, que foi por muito tempo negligenciado, até mesmo abandonado, é grande demais. Muitos aposentos estão desocupados. Os empregados são velhos, os móveis são velhos. O parque que rodeia o solar está bem conservado: gramado, cascalho, guarnições dos canteiros. É um jardim civilizado.

No fundo do parque, uma cerca de madeira. Fácil de ultrapassar. Além da cerca, uma floresta. Constance gosta de passear por ali. É um lugar inviolado, parece uma floresta virgem de um tempo fora do tempo. A Natureza ignora o falatório insípido dos humanos, mas fala a quem se propõe a ouvi-la.

A partir do momento em que atravessa a cerca, Constance abandona a civilização que traz em si a guerra e a morte. Ela já está em outro mundo.

O que ela procura nessa floresta? Aquilo que lhe falta e a faz definhar lentamente. Seu pai, a irmã, uma amiga não hesitam em lhe dizer: ela sofre por ter apenas "meio-marido", ela elanguesce por não conhecer um homem, um homem de verdade. Até mesmo Clifford parece aceitar que ela tenha um amante. Eles têm razão, sem dúvida, mas ela não está convencida. A ideia que eles têm da sexualidade, como se fosse a satisfação de uma necessidade, não é a dela. Ela aspira a uma sexualidade que não seja egoísta, que não seja "mecânica". Ela quer outra coisa, que não consegue explicar: entrar em contato com a vida. Acha que todas as pessoas que conhece têm fobia do contato. Ela lhes fala de uma "poética do toque". Eles não entendem o que ela quer dizer com isso.

Então, ela se aventura pela floresta. Há flores que brotam entre a vegetação rasteira: junquilhos selvagens, que ela se recusa a cortar para fazer um buquê que, num vaso, não tardaria a fenecer – como ela –, anêmonas, buganvílias, campânulas. Há samambaias arborescentes, pássaros. Sons desconhecidos, vindos não se sabe de onde, coelhos, pintarroxos, um cervo, uma inesperada raposa. Clareiras e todos os tipos de árvores, cujas folhas tremem com o vento. As árvores, túrgidas de seiva, têm carne. Essa floresta é carnal.

Ela respira, revive. Sente que se torna outra mulher. Não existe nada de mineral nessa floresta. Há apenas a eclosão, a emergência do que é vivo.

É no fundo do bosque, junto da cabana, que ela vê o dorso nu de um homem, um dorso forte, o de Parkin, o guarda. O homem é orgulhoso, taciturno, insolente. Ela o acha vulgar. Ele não a atrai. Mas a visão desse dorso, estranhamente, é para ela uma revelação. De quê? Da beleza, da vida, dela mesma.

Passam-se semanas. Ela não pensa mais em Parkin. Seria uma barreira dentro dela que a proíbe de voltar à cabana? A barreira vai-se tornando mais fraca, ou será o desejo que se torna mais forte? O fato é que ela volta lá, senta-se na soleira e, enfim, entra. Parkin estende um velho cobertor no chão, onde ambos se deitam. Ele a toma, não chama mais Constance de "Madame". Primeiro encontro: para ele, tão intenso quanto seu desejo. Para ela, não: a felicidade de se sentir desejada parece suficiente. Haverá outro encontro, no qual o homem do bosque a toma violentamente, debaixo de uma árvore, sobre a terra nua. Dessa vez, Constance descobre o gozo, esse outro mundo que ultrapassa as barreiras do corpo, rompe todos os limites. Ela voltará à cabana todos os dias.

Ninguém foi tão fascinado quanto D.H. Lawrence pelo segredo do prazer feminino. Ele escreve: "Os homens não podem acessar o interior da vida de uma mulher". Ele tenta chegar até aí. Penso também em Auguste Rodin, esse velho fauno que, em seus desenhos e aquarelas eróticas, mostra apenas mulheres entre elas, se abraçando, se confundindo até formar um único corpo, e o sexo delas, aberto... para o quê?

Foi o belo filme de Pascale Ferran que me deu vontade de ler *O amante de Lady Chatterley*. Eu não conhecia essa versão do livro (Lawrence escreveu várias), e não sabia muita coisa sobre o autor. Descobri um romance imenso, magnífico, que há muito tempo tinham querido reduzir a uma história escandalosa, a de uma Lady frustrada que se apaixona por um vigoroso guarda-caça, quando, de fato, a força do romance, sua beleza, está no seguinte: ele nos faz penetrar pouco a pouco, como a heroína se aprofundando no corpo da floresta, no outro mundo dos amantes.

No começo, tanto para os protagonistas quanto para o leitor, parece estar em jogo apenas uma atração sexual recíproca. Mas essa vai se transformar em amor, um amor que, embora mantendo intacta a violência do desejo sexual inicial, vai se desgastar com a espera de um filho.

Uma cena do filme indica, a meus olhos, o que permite essa passagem do desejo ao amor. Constance quer acariciar as costas de seu amante. O sexo do homem já esteve dentro dela, não há mais ereção, ela até se diverte ao vê-lo tão pequeno. Nesse momento, o que ela deseja é tocar esse corpo (a "poética do toque"), entrar em contato com a pele do amante. Então, como fazem as mães com seus bebês, ela passa suavemente sua mão de mulher sobre as costas do homem, e ele deixa de ser macho, ele se reconcilia com a criança frágil que também é, e ela se aproxima da mãe que, em silêncio, gostaria de se tornar.

Esqueçamos o clichê que sugere que os amantes estão sozinhos no mundo. Na verdade, dá-se o contrário. Os amantes unem-se ao mundo, comunicam-se e querem se comunicar com o mundo. Uma vez vencidas as barreiras externas e internas, como tantos outros obstáculos, pouco importa se os homens se nomeiem árvores, flores, animais ou, mesmo, humanos. É preciso ter conhecido esse outro mundo dos amantes para conseguir suportar, e talvez até amar, o mundo tal como é.

Na página 337, encontro, surpreso, uma passagem que creio me dar acesso ao cerne do romance.

"Não apenas fazer amor, o que é que isso quer dizer?" É a pergunta que coloca Parkin, o inculto, e que permite a Constance e a Lawrence (antes de Lacan...) afirmar a diferença entre o pênis e o falo. O pênis: "um simples elemento desse conjunto fisiológico que é nosso corpo", um "órgão vulgar que produz uma simples excitação sensorial em relação ao ego". Já o falo "tem raízes, e a mais remota de todas as raízes, na alma do homem".

Lawrence lutou contra Freud, contra a psicanálise. A concepção que tem do Inconsciente é diferente. Ao menos é o que ele pensava. Será mesmo verdade? Para ele, o Inconsciente é fálico, tanto o do homem como o da mulher. É ele a potência soberana, é ele que move o mundo, não apenas o dos amantes, mas o mundo, em suas mil formas.

Constance decididamente não estava errada ao achar "muito pequeno" o pênis de seu amante. Sem o saber, como os gregos da Antiguidade, ela consagra um culto ao falo, que não pertence a ninguém.

Passagem das estrangeiras

Sua atividade profissional o levava a permanecer com frequência em cidades europeias, Roma, Londres, Estocolmo, entre outras. Ele não passava mais do que alguns dias em cada cidade. Todas as vezes, conhecia uma mulher pela qual imediatamente se apaixonava, fosse pela bela romana de braços dourados, pela londrina ligeiramente ruiva ou pela sueca grande demais para ele.

Às vezes, o encontro, se assim podemos dizer, era extremamente breve.

Londres, National Gallery. Ele tinha parado diante de uma tela de Ticiano. Qual? Não sabia muito bem. *Noli me tangere*, talvez, e esse título o fez sorrir. Uma jovem, ao lado dele, contemplava o quadro. Tinham trocado algumas palavras, ela lhe tinha perguntado, por causa do sotaque, se ele era francês, acrescentando:

— Gosto muito da França. Vou para lá todo verão.

Eles se encontraram à saída do museu, ela aceitou tomar um vinho com ele, que se virou para descobrir seu nome, sem conseguir o endereço. Isso bastou para que não parasse mais de pensar nela. Ao conseguir o endereço na lista telefônica, mandou entregar orquídeas com urgência – ele nunca tinha mandado flores a mulher alguma, achava isso ridículo –, deixou três mensagens na secretária eletrônica:

— Gostaria muito de revê-la — depois passou a noite sozinho em seu quarto no hotel, sonhando com essa jovem de quem nada sabia.

No entanto, uma convicção, que reconhecia como louca, estava arraigada nele: a vida que eles teriam juntos seria maravilhosa. Ela não lhe respondeu. Seu amor, pois era disso que se tratava, "mas admito", disse-me ele, "que o senhor o classifique como imaginário", esse amor continuou a crescer. Não parou de aumentar na semana seguinte, quando retomou seu trabalho em Paris: nostalgia daquilo que poderia ter sido e não foi. Ele gostava dessa sensação.

A mesma coisa, ou muito parecida, aconteceu com a romana, com a sueca. Ele ficava até mais ousado. Iria fazer um cruzeiro de navio com uma delas, iria dançar com a outra. Nada além disso. Gostaria ele de ir mais longe? Não tinha certeza.

— Isso não significa que eu não estivesse perdidamente apaixonado por essas mulheres, e por outras, de outras cidades — diz-me ele.

Um de seus amigos, a quem ele tinha contado esses episódios e que tinha um verniz de psicanálise, afirmara:

— Sua libido é de uma labilidade inacreditável.

Libido lábil, ele não sabia muito bem o que isso significava, mas essas palavras lhe provocaram o riso.

— No entanto, não tem graça — diz-me ele — o que me acontece nessas cidades estrangeiras, com essas desconhecidas que eu mal tinha visto. Às vezes, elas me transportam da felicidade para me tornar terrivelmente infeliz. É bobagem. Sou um idiota. Além disso, vivo com uma mulher com quem me entendo muito bem. Então, por que esses amores breves, mas intensos, por que esses amores imaginários, como diz o senhor, e com razão?

Ele prossegue:

— É curioso, quando eu era adolescente, vivi uma coisa parecida. Ao andar de ônibus, bastava trocar um olhar com uma mulher, bonita, é claro, que andava pela rua, para imaginar que ela só estava esperando por mim, que eu só estava esperando por ela. Mas eu estava preso num ônibus que continuava seu trajeto, não podia acompanhá-la. Depois disso, inventei regras: eu teria de descer do ônibus em movimento, encontrá-la, nós nos abraçaríamos e tudo, tudo teria começado.

"Mas nessa época eu tinha 17 anos, não conhecia moça alguma e, sem outra opção, recorria aos serviços de prostitutas, as mais baratas que encontrasse, pois eu era um duro. Hoje sou rico, muitas mulheres tentam me conquistar e, repito, eu me entendo perfeitamente bem com minha companheira em todos os planos, o senhor sabe o que quero dizer.

"Então, me explique: o que me atrai irresistivelmente, loucamente, nessas estrangeiras, nessas desconhecidas pelas quais apenas cruzo na rua, que mal entrevejo, durante um lapso de tempo tão curto? Explique-me, por favor.

Feito para durar

Se em algum lugar do mundo existe um casal modelo, feito para durar a vida inteira, para mim esse casal é composto por Sabine e André.

Eles se conheceram há vinte anos, num grupinho de extrema esquerda em que ambos militavam, casaram-se pouco mais tarde, tiveram dois filhos. Frequentaram as mesmas escolas, passaram nos mesmos concursos, trabalhavam ambos no Ministério da Saúde, em escritórios próximos.

Dos anos de militância, mantiveram o gosto pelas discussões. Discutiam durante horas, principalmente política. Desde a educação das crianças – ele se mostrava duro demais com Paul, ela era muito permissiva com Emma, ou vice-versa –, até o projeto de comprar uma casa – na Bretanha, não distante do mar, não, nas Cevenas, longe de tudo –, ou uma maternidade que não era rentável e que deveriam fechar – "Logo se vê que é um homem quem está falando". Os temas de discussão eram inesgotáveis.

Quando me convidavam para jantar na casa deles – eu tinha dificuldade para encontrar uma brecha para falar –, eu me dizia que essa paixão por aquilo que antigamente chamávamos de "disputa" fortalecia o vínculo deles. Aqueles dois eram feitos um para o outro. Não se deixariam nunca.

No entanto, foi o que aconteceu. Sem aviso prévio, André declarou que amava outra mulher, uma grande amiga de Sabine, é claro. Fez as malas imediatamente. A nova eleita nunca se contrapunha às propostas de André. Tudo o que ele dizia era, para ela, a palavra final.

Sabine e André se divorciaram. Pararam de se ver. Os filhos ficavam ora na casa de um, ora na casa do outro. Sabine passava as semanas de férias de verão na casa de campo que eles tinham comprado perto de Quiberon (no fim das contas, ela tinha ganhado a parada), André passava lá as semanas seguintes.

Ele foi designado para outra posição, em Nantes. Deram um jeito para nunca voltarem a se cruzar.

Acabaram por se encontrar alguns anos mais tarde, para celebrar o sucesso do filho, que tinha sido admitido numa das mais prestigiadas faculdades do país. André perguntou a Sabine se ela concordaria que ele passasse a noite na casa dela, antes de tomar o trem para Nantes. Ela concordou. Ele se deitou no grande sofá da sala. Não ficou ali mais do que uma ou duas horas, depois se juntou a Sabine, no quarto.

Sabine e André se recasaram. Participei da recepção do casamento. Essa se deu no jardim da casa perto de Quiberon. Foi um jantar alegre, todos felizes com o reencontro dos dois, caçoando gentilmente dos noivos. No fim da festa, eles começaram a discutir, já não sei mais por qual motivo fútil.

— O vinho branco não está na temperatura correta, você devia ter deixado mais tempo na adega.

O tom ia subindo. Um dos convidados, que se mostrava obstinadamente paternal, interveio:

— Digam-me, meninos, vão começar novamente as briguinhas? Se vocês continuam assim, esses amores não vão durar muito tempo.

Cada um por sua vez, Sabine e André responderam:

— Você está enganado, esse amor é feito para durar, sempre foi feito para durar.

Mais tarde eles se afastaram, abraçados, para seu quarto de janelas fechadas.

Não sei se hoje ainda estão juntos, ou se eles se separaram de novo. Conhecendo-os como conheço, esses dois são bem capazes de se casarem uma terceira vez.

Agrada-me bastante, essa ideia!

“A senhorita Albertine foi embora”

Que poder de me apavorar teve essa frase! Nela eu via juntarem-se, para além do fim dos amores, todas as perdas, todas as separações, mortes, exílios e até, de uma maneira mais geral, tudo aquilo que, em nossa vida, em nossa memória, desapareceu ou, com certeza, algum dia vai desaparecer.

Que em Proust a mensageira tenha sido a fiel Françoise, isso só fez piorar as coisas. Eu a imaginava passando a notícia com a voz o mais neutra possível, uma voz que não deixa qualquer espaço para a ilusão, como esses telegramas que nos informam secamente a morte de alguém muito amado. A voz neutra não simulava tristeza – Françoise não gostava de Albertine. Talvez até, como muitos mensageiros, ela tivesse algum prazer em transmitir a notícia.

Vamos escutá-la:

— Eu estava aborrecida porque o senhor demorou tanto para me chamar hoje. Não sabia o que devia fazer. Esta manhã, às 8h, a senhorita Albertine me pediu as malas dela, não ousei recusar, tinha medo de que o senhor me reprendesse se eu o acordasse. Tentei demovê-la de todos os jeitos, disse que esperasse uma hora, porque tinha certeza de que o senhor iria me chamar. Ela não quis, me pediu que lhe entregasse esta carta, e partiu às 9h.

Bastava que o "senhor" chamasse para que Françoise atendesse. Ele chama, ela acorre. Albertine, essa, partiu. E ele, o narrador (vamos parar de chamá-lo assim, ele se chama Marcel, ele é você, ele é eu), tem "a respiração cortada". Uma separação não nos corta apenas do outro, nos corta também de nós mesmos.

E, no entanto, ele conhecia todas as mentiras, a duplicidade de Albertine, via nela o símbolo de sua submissão e, quando a contemplava adormecida, acreditava reconhecer uma "imagem alegórica da morte". Às vezes, ele chega a afirmar que tinha ficado indiferente a ela.

Não é necessariamente a súbita ruptura com o ser amado que nos corta a respiração, o sopro da vida. Quando morreu meu amigo N., embora eu também achasse que ele me era indiferente, fui tomado por irreprimíveis soluços. Quando fui expulso de uma casa onde tinha passado os verões mais felizes de minha vida, só pude evitar as lágrimas porque tive um surto de indignação diante de tamanha injustiça.

Desse finado amigo, dessa casa perdida, guardo hoje mais do que a lembrança intacta: sonho com eles, à noite, para que se façam presente. É minha maneira de fazê-los voltar. Como se meus sonhos fossem um apelo, um pequeno truque que me permite estar de novo junto deles. Eu os reencontro. Eles não me abandonaram.

O sonho é nossa memória viva: tempo perdido, tempo reencontrado.

Não, essas não!

Sonho frequentemente com os mortos. São os meus fantasmas.

Com meu pai, que se foi aos 40 anos, quando eu tinha 9, sonhei quase todas as noites nos meses seguintes à sua morte. Ele voltava sob a forma de um vagabundo, de um mendigo, estava irreconhecível, mas eu, seu filho, eu o reconhecia, ele me reconhecia, e andávamos lado a lado ao longo de uma avenida deserta.

Com minha mãe, falecida aos 95 anos, sonho que ela ainda está viva e, no entanto, sei que está morta. O sonho de que me lembro hoje é o seguinte: estamos os dois em um táxi, um táxi preto, e faço para minha mãe a pergunta que nunca ousei fazer:

— Por que você prefere meu irmão?

Ela responde:

— Porque ele me faz rir — e acrescenta: — Porque ele é inteligente.

Furioso, desço do táxi, dou alguns passos, depois volto a me sentar perto dela, não vou, ainda assim, abandoná-la, deixá-la sozinha nesse táxi, que então já me parece um esquife.

Às vezes, sonho com meus amigos mortos – que são cada vez mais numerosos à medida que o tempo passa. Eu os considero meus visitantes noturnos. Converso com eles. São sempre mais jovens do que eram quando a doença os levou. Há V., alegre, divertido como só ele sabia ser; N., irônico e sorridente; P., que toma um uísque comigo. Esses visitantes são todos amáveis, embora muitas vezes me irritassem quando viviam.

Sonho com as mulheres que amei e que me amaram (essa reciprocidade acontece, algumas vezes), e é delicioso: a vida continua, o amor não se apaga.

Uma exceção: não sonho jamais com as mulheres que tive em meus braços, com as quais fiz amor, e que estão mortas. Jamais. Absolutamente jamais. Não, elas não, nunca essas. Eu me recuso a apalpar, a abraçar a morte.

A prisioneira

Se é verdade que a gente sempre volta aos primeiros amores, aqueles dois não precisavam voltar, eles nunca saíram de lá.

Tinham-se conhecido na escola pública de uma cidade normanda. Os colegas tinham um prazer maldoso em caçoar deles, quando ficavam sentados lado a lado durante o recreio, sem participar das brincadeiras – pega-pega, bolinhas de gude, amarelinha para as meninas; mocinho e bandido para os meninos. Eles nem ligavam para o coro que caçoava:

— Ah! Namoradinhos! Namoradinhos!

Sem dúvida, no fundo pensavam que seus colegas de classe tinham inveja deles.

Alguns anos mais tarde, os pais de Pierre se mudaram para Paris, Pierre foi para um colégio do Faubourg Saint-Antoine, Alice ficou na Normandia. Depois, seus pais também vieram se instalar na capital. Alice e Pierre se reencontraram. Não estavam matriculados no mesmo colégio, mas nas tardes de quinta-feira, dia que, naquela época, não havia aulas, iam de mãos dadas ao cinema, um cinema de bairro que projetava, em duas sessões consecutivas, filmes americanos, um western e um romântico. Alice apoiava a cabeça no ombro de Pierre. Já não eram realmente crianças, mas insistiam em manter algo da timidez da infância.

Os dois teriam desejado que o filme romântico, que geralmente terminava com um beijo, quando o herói da história tinha finalmente resolvido correr esse risco, e a heroína, se decidido a confessar seu amor, durasse mais tempo.

Pierre não se cansava de me contar sobre os anos de sua infância normanda e depois parisiense, e eu não me cansava de ouvi-lo evocar os lugares que me eram igualmente familiares: o vale do Sena – a abadia de Jumièges, Villequier e Leopoldina, a bacia de Caudebec, o dique de Cabourg –, as praias onde Alice e ele, como eu, passavam as férias de verão, as barcaças que subiam o rio em direção ao porto de Rouen, as macieiras e as vacas nos prados, e, mais tarde, as sessões de cinema que tanto gostaríamos que se prolongassem indefinidamente, da mesma forma que alguns de nossos sonhos, que o som estridente do despertador vem brutalmente interromper.

Sim, Pierre me levava com ele para o verde paraíso dos amores infantis.

Bruscamente, ele foi expulso desse paraíso. O pai de Alice, um alto funcionário, foi nomeado para um posto no além-mar. Para este homem, mas só para ele, essa nova colocação representava uma promoção. Para Pierre, foi um desastre.

Ele estava entrando na adolescência. Nunca mais foi o mesmo Pierre. Perdeu todo o interesse pelos estudos, ele, que tinha sido um aluno excelente. Foi expulso do liceu, a tal ponto se mostrava displicente, insolente. Seus pais, que não conseguiam compreender essa repentina mudança de temperamento, o colocaram em um internato nos arredores de Paris, que recebia adolescentes difíceis. Pierre não protestou. Parecia que ele desejava ser posto de lado, que sentia prazer em ser afastado.

Nesse internato ele fez amigos, alguns francamente delinquentes, outros ligeiramente amalucados. Uma tarde por semana alguns alunos tinham permissão de sair por algumas horas. Eles se encontravam em um café da cidade vizinha. Jogavam cartas – principalmente pôquer –, bebiam cerveja. Nesse café Pierre conheceu a sobrinha do dono, que trabalhava como garçonete. Tinha fama de ser uma garota fácil, mas isso não era verdade. Ela se enamorou de Pierre, achava-o bonito, distinto e, principalmente, o que o diferenciava dos outros frequentadores do café, ele era "instruído". Conseguiu arrastá-lo muitas vezes até seu quarto, no andar acima do café. Precisavam ser rápidos, antes que chegasse a hora limite para a volta ao internato: às 22h.

A moça engravidou. Pierre tinha 17 anos, ela pouco mais que isso. Ela decidiu não levar a gravidez adiante. Pierre não se opôs a essa escolha, nem a aprovou.

Não sei bem como ele se arranjou para conseguir o dinheiro necessário, talvez o tenha roubado, com a ajuda de um colega. Não foi preciso, a moça teve um aborto espontâneo.

Pierre me contou esse episódio, que achei que deveria ter sido difícil para um garoto tão jovem, como se falasse de outra pessoa, enquanto se mostrava sempre comovido quando me falava de sua infância partilhada com Alice, e evocava inúmeras vezes o paraíso verde, como para renovar os prazeres. E agora seu relato parecia um processo verbal, redigido por um observador distante, indiferente. Pierre, o Pierre vivo, existia em outro lugar.

O campo da indiferença, da falsa indiferença, não parou de se manifestar. Quando, algum tempo depois da época do internato, a mãe de Pierre faleceu de um ataque cardíaco, ele se esforçou por engolir seus soluços. Conseguiu.

Estranhamente, ele parecia não se preocupar mais com Alice. Não procurava saber o que tinha acontecido com ela. Viveria ainda junto com o pai, em Reunion ou em outro lugar? Pouco lhe importava. Certamente ela teria encontrado outros homens, como ele conhecera outras mulheres. Talvez tivesse se casado. Parecia que ele queria colocar sob uma chapa de chumbo todo esse tempo de separação, a fim de manter Alice fora do tempo, intacta para sempre.

Cerca de trinta anos tinham se passado, quando eles se reencontraram, uma tarde, em Paris. Foi na saída do cinema de bairro que eles frequentavam em outros tempos. O filme em cartaz era *Cantando na chuva*. Na calçada, ainda encantados com o filme, eles cantarolaram a canção, ensaiaram alguns passos de dança, cada um por seu lado, sem que se vissem. De repente, eles se reconheceram, deram uma gargalhada e se jogaram nos braços um do outro.

Durou anos.

Eles não falavam jamais do passado que os tinha afastado antes de reuni-los. No final das contas, a ilha da Réunion bem merecia seu nome.

Não partilhavam o mesmo apartamento, mas sim todas as tardes, todas as noites. Queriam que seu amor permanecesse clandestino, ao abrigo de todos os olhares.

Não entendi o que poderia ter se passado para que, dez ou quinze anos mais tarde, Pierre deixasse Alice. Não foi para procurar outra mulher mais jovem. Depois, lembrei-me de algumas palavras que Alice pronunciou um dia, palavras que, a meu ver, poderiam ter emocionado Pierre mais que qualquer coisa, mas que o assustaram. Ele não as suportou. Ela lhe tinha dito o que, para ela, era uma confirmação do amor que os unia:

— Sabe, Pierre, estou feliz, sei que vamos envelhecer juntos.

Mas, para Pierre, essas palavras significavam que o amor iria envelhecer, devagar, mas inexoravelmente, que a época do pátio do recreio, das férias normandas tantas vezes chuvosas, *singing in the rain*, estava perdida, definitivamente perdida.

Graças a uma pequena herança, Alice comprou uma casa na Creuse. Ela se retirou para lá. A casa, parte de uma fazenda abandonada, era isolada. Um casal amigo deu a Alice um aparelho de televisão, acreditando que assim ela se sentiria menos só. Ela a deixou dentro da caixa de papelão.

Num hangar vazio, instalou seu ateliê. Aí ela fabrica – ela se recusa a chamar de esculturas – curiosos conjuntos a partir de diversas ferragens, pedaços de máquinas agrícolas, utensílios sem uso – que, para ela, retornam à vida ou a uma aparência de vida.

Quanto a Pierre, ele vem me consultar, a intervalos regulares, sem motivo preciso. Creio que lhe faz bem verificar que envelhecemos juntos.

A lacrimosa

Um estreito os separa. Sempre um estreito – um braço de mar – separa o homem da mulher. Ele não é intransponível.

Esse homem vive de um lado do estreito. Essa mulher, do outro. Todas as noites, o homem vem encontrá-la. Nada vigorosamente em direção a ela. Ela o espera. Para orientá-lo em sua travessia noturna, ela deixa uma lanterna acesa no alto da torre onde mora.

As famílias ignoram esse amor, que eles querem manter clandestino.

Todo amor violento é um tormento. E eis que o mar que separa os amantes fica, por sua vez, tormentoso: ventos, tempestades, ondas arrebentando com inusitada violência. Durante sete noites o homem teve de renunciar à travessia. Depois, assume o risco e é um homem afogado que, naquela noite, a tempestade e as ondas abandonam sobre a areia. Só resta à mulher lançar-se no vazio do alto de sua torre. O brilho da luz da lanterna já não tem razão de ser.

Museu de Belas-Artes de Bordeaux. Paro diante de uma tela. Está assinada por um pintor bordalês do fim do século XVIII, Jean-Joseph Taillasson. Representa um belo jovem nu, deitado na areia, os braços em cruz.

Aproximando-se dele, uma mulher, suplicante, lacrimosa, levanta os braços para um céu sombrio. Está com um vestido vermelho, que o vento ergue e deixa entrever as pernas, os seios. Os pés estão descalços. Ao fundo, uma torre e rochedos, onde as ondas batem.

Compro uma fotografia do quadro, intitulado *Heros e Leandro*. Esses nomes não me dizem nada.

Somente hoje, muitos anos depois da minha visita ao museu e da compra da fotografia, me preocupei em saber quem poderiam ser esse jovem atirado morto sobre a praia, essa jovem que não pode tirar os olhos dele e toma o céu por testemunha.

Abro um dicionário de Mitologia. Nele são citados uma passagem das *Geórgicas* e um livro de Ovídio que não conheço, *As Heroides*. Sou tomado por uma impaciência febril. Paro imediatamente de escrever o capítulo que estava escrevendo para este livro. Paro tudo e me precipito para a livraria. Por sorte, encontro *Heroides: Cartas de amor*. É uma coletânea de cartas imaginadas por Ovídio. Entre elas, as que teriam trocado Heros e Leandro.

Extraio duas passagens curtas:

Leandro a Heros: "Sim, se vou em tua direção, sou um nadador; parece-me, quando volto, que sou um náufrago [...]. Quase toco a mão de quem amo, tão perto estou. Mas é essa palavra 'quase' que tantas vezes me faz verter lágrimas".

Heros a Leandro: "O que aconteceu com tua audácia? Onde está aquele nadador intrépido que enfrentava as ondas? Menos temo os ventos que retardam minha felicidade do que ver meu amor, semelhante ao vento, mudar como ele [...]. Esperando, já que não podes ainda atravessar o mar, que uma carta venha acalmar as angústias da espera".

Como a paixão pode ser lamentosa!

No livro de Ovídio, são numerosas as cartas imaginárias que teriam mandado essas grandes mulheres amorosas que foram muitas das heroínas da Grécia Antiga: Penélope a Ulisses, Dido a Enéas, Ariana a Teseu, Briséus a Aquiles...

Todas essas cartas poderiam ser resumidas a duas palavras: "Vem! Volta!"

No mesmo museu, outra tela me fez parar. Também é obra de um pintor bordalês, Henri Gervex (1852–1929). É um triunfo do "mau gosto", mas pouco importa. É inspirado em *Rolla*, o famoso poema de Musset, que não vale muito mais que o quadro.

Dessa vez é a mulher que está deitada, nua, sobre uma cama. Lençóis desfeitos, como seus cabelos, roupas jogadas em desordem pelo chão. Ela adormeceu, sem dúvida depois do amor. Um jovem a contempla. É pálido, seu aspecto é sombrio. A janela do quarto está totalmente aberta. Imagino que, dentro de um instante, ele vai se jogar no vazio. Ele diz à mulher:

— Preciso me matar.

Ela será incapaz de impedi-lo. Ficará desesperada. Ele não se lançará pela janela, mas vai esvaziar, de um só trago, o "frasco negro".

A fotografia desse quadro, ao lado dos livros da minha biblioteca, fica ao lado daquela de *Heros e Leandro.*

De Alfred de Musset, fiquemos com a canção:

À Saint-Blaise, à la Zuecca,

Vous étiez, vous étiez bien aise

À Saint-Blaise

À Saint-Blaise, à la Zuecca,

Nous étions bien là[28].

Do imperfeito ao presente: nos sentimos bem lá.

28 Em Saint-Blaise, na Zuecca,/você esteve, esteve à vontade,/Em Saint-Blaise,/Em Saint-Blaise, na Zuecca,/nós nos sentíamos bem lá (tradução livre). (N. do T.)

A passarela de Buttes-Chaumont

Francis não sabe mais o que faz parte do sonho, o que faz parte da realidade, ele se pergunta se não terá sido em *O camponês de Paris*[29] que descobriu o parque de Buttes-Chaumont. Ele se lembra de ter passeado nesse parque inúmeras vezes, e sempre com uma mulher.

A primeira vez foi com uma bela russa. Eles tinham 20 anos, tinham tomado um ônibus, devia ser o 48 com varandinha, sem saber qual seria o trajeto, desceram no ponto da rue Manin e entraram no parque. Foi um encantamento. Sobre a passarela suspensa, feita de madeira, trocaram o primeiro beijo; na beira do lago, disseram que se amavam. Sorriram com o que um frequentador do parque lhes contou sobre a passarela: um pequeno batalhão de soldados, marchando com passo cadenciado, teria feito a passarela vibrar a ponto de provocar sua queda.

A bela russa negara-se a atravessar a outra ponte, conhecidas como dos Suicidas.

---

29 Livro surrealista de Louis Aragon, sobre lugares de Paris, publicado pela Gallimard em 1926. Publicado no Brasil pela editora Imago (1996). (N. do T.)

Toda vez que ele se apaixonava – o que lhe acontecia com frequência, mas com ele o amor não durava muito tempo, vacilava como a frágil passarela antes de cair –, levava sua companheira ao Buttes-Chaumont, e sentia sempre o mesmo encantamento. Por quê? Não saberia dizer. Tinha dificuldade para se lembrar das datas, mesmo aproximadas, de seus passeios pelo parque. Fora do tempo, repetia ele, como nos sonhos, onde os tempos se misturam, se confundem.

Ele gostava de me descrever esse parque, que preferia chamar de jardim. Cada vez que o evocava, acrescentava um detalhe a mais sobre as diversas portas que davam acesso a ele, e principalmente sobre a configuração do lugar: as colinas, as escarpas, as curvas, os caminhos sinuosos, as moitas, os recônditos, o lago e a ilha rochosa.

— Eu já lhe falei da gruta, do Belvedere, das estátuas, do obelisco, do pequeno templo da Sibila? — parecia que estava descrevendo o corpo de uma mulher amada, como para torná-la visível, palpável, antes que desaparecesse.

Demorava-se nos detalhes e, ao escutá-lo, eu tinha a mesma atitude que tenho diante dos quadros de pintores. Num primeiro momento, sou sensível apenas à forma do conjunto. Depois, por pouco que eu me demore, detalhes antes despercebidos me saltam aos olhos; são às vezes ínfimos e, no entanto, mudam completamente minha primeira visão, como nesses sonhos que nos pegam pela beleza das imagens, antes que certos detalhes venham quebrar o encantamento e nos revelar o que a beleza dissimulava.

O parque de Buttes-Chaumont é complexo, barroco, convida ao jogo, é um jogo surrealista!

Esse homem me deu vontade de refazer os passos do *Camponês de Paris*, que me encantou na juventude, quando o li. Surpresa: Aragon, depois de páginas de inspirada poesia, passa, também ele, a traçar um inventário de lugares. Recolhe algumas inscrições, que transcreve literalmente no livro: *O 19º arrondissement compreende os bairros... Emergência... 14 de julho de 1883... Oustry, Prefeito de la Seine Alphand, Diretor das Obras Públicas*. Inscrições múltiplas, de outra era...

Poesia administrativa, tão eloquente quanto a suscitada pelo jardim. Inesperada reunião de dois mundos. Colagem.

Poucos anos depois, ele voltou ao Buttes-Chaumont com Laurence, sua única filha, que tinha pouco mais de 20 anos. E foi sobre a frágil passarela que ela anunciou ao pai que na semana seguinte partiria para os Estados Unidos, para encontrar o jovem que ela amava.

— Em Seatle, sabe?, no extremo noroeste — acrescentando: — Não se preocupe, vou voltar à França nas férias de Natal. Não fique triste.

Ele garantiu que não estava triste, estava feliz por ela. Laurence, presa pelo trabalho ou pelo namorado, não veio naquele Natal, nem no seguinte.

O homem está só. Ele se entedia.

— Não paro de me perguntar: para quê? Eu me contento em vagar pelas minhas ocupações no escritório durante a semana e as idas ao supermercado no sábado, para garantir minha subsistência na semana seguinte.

Tornou-se um homem desocupado. Dorme mal e, nas horas de insônia, a morte é sua única companheira. Tem uma única ideia na cabeça: a vida decididamente é horrível. Isso não melhora durante o dia. Quando penso nele – e penso nele muitas vezes –, não é nem seu nome nem seu sobrenome que me vêm à cabeça. Eu o chamo de meu insone. Insone tanto de dia como de noite.

Ontem, ele me comunicou sua intenção – hesitava, querendo minha opinião – de voltar ao Buttes-Chaumont. Eu lhe disse qualquer coisa como:

— Não, não volte lá. Melhor guardar em você esse jardim, essas mulheres, esses rostos, esses corpos. Que tudo isso permaneça fora do tempo, como um sonho.

Sem dúvida, eu temia que dessa vez ele tomasse a

ponte de pedra dos Suicidas.

De início, meu conselho pareceu aliviá-lo. Depois, ele me disse:

— E você, você sonha? Você tem sorte. Eu, nunca.

— E repete: — Nunca mais.

Pedestres de hoje

— Você viu que arrogância? Olhe só como elas caminham, essas moças, sem se preocupar com os outros, ligadas a seus celulares. Agora mesmo uma jovem me empurrou. Você pensa que ela me disse: 'Desculpe, senhor'? Que nada, foi como se eu não existisse! E olhe aquela lá, no volante do seu Mini. Assim que o sinal fica verde, ela arranca, quase atropela aquele senhor idoso que ia atravessar a avenida. Ela não está nem aí. Escute o que eu digo: uma arrogância, uma arrogância inacreditável, insuportável. Quem elas pensam que são? É o que te pergunto.

É um homem muito idoso. Seu interlocutor, um pouco menos. Estou sentado ao lado dos dois, no terraço de um café. Não perco uma palavra da conversa. É um dia ensolarado de primavera. As mulheres, as moças, usam de novo seus vestidos leves, às vezes transparentes, depois do que se poderia chamar de um longo período de hibernação. Então, onde estiveram escondidas? Olho para essas moças que passam, e penso que já passei da idade de seduzi-las. Que pena... Eis que uma delas me sorri, me sinto nas nuvens.

Meu vizinho de mesa, o mais velho dos dois, continua com as reclamações:

— Quando penso nas moças que conheci antigamente! Eram reservadas, tímidas, algumas ariscas como gazelas. Era preciso ter jeito, ser paciente para se aproximar delas, para conquistá-las. Agora, são elas que se jogam sobre os homens, ou os rejeitam com desprezo. O mundo está de pernas para o ar!

O outro intervém:

— Você me parece muito amargo. Eu sei, o que você sonha é que fosse para você que uma dessas meninas arrogantes ligasse do celular. Mas o que você quer? Nosso tempo passou.

O mais velho fica em silêncio por algum tempo.

— Você tem razão. O mais horrível da velhice é que as mulheres já não se interessam por você, enquanto você ainda se interessa por elas.

Depois ele olha para as moças que passam diante da varanda do café, olha para essas jovens de roupas leves. Acha-as encantadoras.

Vi os dois amigos atravessarem a avenida. Entraram numa livraria. O que iriam procurar agora nos livros? Uma dose de consolo, imagino.

Declínios

Um homem que faz múltiplas conquistas femininas é chamado de Don Juan. Ele tem certeza de ser objeto da inveja dos outros homens e de interessar a todas as mulheres, às vezes contra a vontade delas.

Uma mulher que passa de um amante para outro é chamada de ninfomaníaca. Ela está convencida de que é uma mulher livre e que as outras mulheres são covardes demais para se atrever a seguir seu exemplo.

Com a idade, o Don Juan será apenas um velho bonitão que lança galanteios. A que era chamada de ninfomaníaca, por pouco que continue a procurar por amantes, será qualificada como messalina.

Jacques Delacour acreditava ser um Don Juan. Simone Neuville se tomava por uma mulher livre. Moravam no mesmo bairro, em ruas próximas. De tanto se cruzarem e frequentarem as mesmas lojas, passaram a se cumprimentar, a trocar sorrisos. Um sorriso cúmplice, cada um conhecia a reputação do outro, mas nada além de sorrisos. Dir-se-ia que, por um comum e tácito acordo, eles deviam respeitar os respectivos territórios: para Jacques, as mulheres, por que não?, todas as mulheres; para Simone, os homens, por que não?, todos os homens.

Simone, então, passava de amante em amante. Às vezes, raramente, a aventura durava algumas semanas, outras vezes, alguns dias, até mesmo algumas horas. Simone se cansava logo, ou era o homem quem partia uma vez a coisa feita, e bem-feita, pois Simone tinha talento para dar e receber prazer.

Ela tinha se casado muito jovem. Seu marido deixou-a três anos depois. Ele desejava ter filhos. Os médicos concluíram que ela era estéril; Simone, por sua vez, estava convencida de que o problema era do marido. O fato é que eles se separaram e que Simone teve um amante após outro, sem jamais engravidar. Assim começou sua carreira de grande consumidora de homens.

Quando a conheci, ela devia ter mais de 50 anos. Logo ao primeiro olhar, compreendi que era uma dessas mulheres que se recusam categoricamente a envelhecer. Deveria ter passado por temporadas em clínicas de talassoterapia, assídua frequência a salões de beleza, plásticas que deixaram traços – discretos, mas visíveis. Uma de suas amigas próximas encarregou-se de confirmar minhas suspeitas.

Soube por essa amiga outra coisa que modificou radicalmente a imagem que eu fazia de Simone. Ela tinha se apaixonado, não, ela tinha ficado perdidamente apaixonada por um homem muito mais jovem, balconista de uma butique de luxo na Rue de

Faubourg-Saint-Honoré. Ela tinha entrado na loja com a intenção de comprar algum artigo, não sabia bem o que, talvez um pulôver de cachemira (ela gostava de se presentear, agora que não recebia mais presentes). O jovem era bonito, sedutor. Excelente vendedor, também sabia se vender. Simone, por seu lado, mostrou-se encantadora. Voltou à butique no dia seguinte, para trocar seu pulôver, que tinha ficado grande. Passou para a cabine do provador sem fechar a cortina.Naquela mesma noite tornaram-se amantes.

Pela primeira vez na vida, Simone conheceu a paixão, com seu cortejo de danos colaterais: suspeitas, ciúme – "Sei muito bem que aquela vendedora jovem fica rodeando você, e que você se deixa levar pelo jogo dela"; um frenesi sexual que deixava de joelhos esse jovem valente; e, principalmente, os infindáveis "Diga que me ama de verdade", que exasperam os mais fiéis dos amantes.

Depois de um ano, aconteceu o que devia acontecer. O sedutor vendedor de pulôveres se mandou de mala e cuia.

— Vou me casar.

— E com quem?

— Com minha colega da butique.

Ela suplicou, soluçou, xingou. Ele não reconhecia nessa bruxa, nessa harpia, aquela que ele tinha amado à sua maneira pela inquietação que, desde o primeiro dia, ele pressentira nela.

Então Simone quase enloqueceu. Enviou cartas anônimas à futura noiva – era fácil adivinhar de quem eram –, cartas obscenas, surpreendentes, vindas dessa mulher tão ciosa de sua elegância, e sempre pronta a apontar vulgaridades. "Ela é tão vulgar" valia por uma condenação sem apelação.

Seus amigos ficaram sabendo das cartas anônimas. Simone tentou cortar os pulsos. Um médico interveio a tempo de salvar essa mulher perdida.

Eu a encontrei, certa vez, saindo sozinha de um cinema; outra vez passeando nos jardins dos Champs-Élysées com seu cão, que segurava com firmeza na guia, enquanto ela parecia perdida.

Passaram-se anos até que eu a encontrasse novamente. Foi na rue du Faubourg-Saint-Honoré, perto da butique de luxo, que tinha dado lugar a um salão de beleza. Mal a reconheci, tão diferente estava. Rosto emaciado, batom borrado manchando as comissuras, tintura de falsa loira. Estava terrivelmente vulgar!

E o que foi feito de Jacques, o Don Juan de outrora? Como para Simone, depois de muitos anos, o tempo das conquistas tinha certamente terminado para ele também. Foi sucedido pelo tempo da artrose. Mas, certamente também, ele tinha se dedicado a conservar belos restos: o hábito do bom corte, um belo bronzeado o ano inteiro, e, dividindo o cabelo já todo branco, uma risca de lado, exatamente a mesma de outrora. Ele se cuidava. A bengala de um dândi do século passado, que lhe era agora indispensável para atenuar a dor nos quadris, teve o dom de fazer a mudança: tornou-se símbolo de uma elegância refinada. Ao menos, era o que ele acreditava.

Uma ideia bizarra me veio. Eu imaginava Simone e ele tornando-se amigos no fim da vida. Nunca evocariam o passado, os caminhos paralelos que tinham percorrido. Pensava neles andando com passos curtos, de braços dados, como para encontrar no outro um apoio que os protegeria de um tombo (mas e se eles caíssem juntos?) e caçoando alegremente dos jovens, rapazes e moças, que passavam sem nem os ver, aqueles que, eles sabiam, haveriam de declinar lentamente em direção à morte.

A menina alta

Não era a pequena diferença de idade que o intimidava, que o deixava tão desajeitado perto dela – Lily tinha 11 anos quando ele tinha 10 – era a diferença de tamanho. Na "turma" que eles formavam todos os verões em Trouville, turma que se dissolvia durante o restante do ano, para se reconstituir imediatamente desde o primeiro dia de férias, os meninos chamavam Lily de varapau, de aspargo ou de gafanhoto, mas ela não dava a mínima, ao contrário, como se sua altura lhe permitisse ficar por cima de todos esses garotos que a rodeavam, impacientes por transformar-se em homens – mas isso ainda ia demorar muito.

Simon não era esse tipo de garoto. Tinha prazer em ser criança, não tinha pressa de crescer. Estava convencido de que, enquanto fosse pequeno, tanto na idade como no tamanho, mais tempo teria para desfrutar das atenções da mãe.

Ele não se permitia implicar com Lily, mantinha-se à parte da turma quando Lily se juntava a ela. De maneira alguma se misturaria com os outros, não faria parte do grupo, o que fazia com prazer quando Lily não estava... Queria uma condição especial, não necessariamente a de ser o único, mas a de ser aquele secretamente escolhido.

Se alguém da turma gritasse, apontando para ele: "Olha, Lily, lá vem o seu namorado!", ele, o pequeno Simon, avançaria aos socos.

Aliás, seria amor o que ele sentia? Como poderia saber? Ele ignorava a palavra, ignorava os sinais que anunciam a inquietação amorosa. Tudo o que ele sabia era que Lily, que já não era uma criança e ainda não era uma moça, mais tarde seria sua mulher. Muito mais tarde, ele esperaria.

Primeiro, ele precisava crescer. Senão, que casal ridículo eles seriam! A prova estava naquela fotografia que o fizera sentir-se terrivelmente humilhado: Lily era ao menos uma cabeça mais alta do que ele, ela estendia o braço sobre os estreitos ombros de Simon, sorria, divertida, um pouco protetora, como uma irmã mais velha que não tivesse nada a temer nem a esperar dele.

As férias de verão terminaram logo depois. Lily sumiu. Simon, a partir de seu aniversário de 15 anos, se pôs a crescer a toda velocidade. Esqueceu Lily. Conheceu outras meninas, menores que ele. Gostava de abraçá-las, passando o braço sobre seus ombros.

Quarenta anos depois, um colega de escritório diz a Simon:

— Uma das minhas melhores amigas, para quem falei de você, gostaria de encontrá-lo. Diz que o conheceu muito bem durante a infância. O nome dela é Lily. Poderíamos beber alguma coisa na minha casa, nós três, se você gostar da ideia.

— Lily, sim, claro, Trouville, lembro-me vagamente. O que aconteceu com ela? Casou-se?

— Não, ficou solteirona. Faz companhia a um irmão doente.

— Seu irmãozinho Marcel, sim, eu me lembro. Já naquela época ele se queixava de sempre se sentir mal, de estar sempre com frio. Nunca tomava banho de mar conosco. A irmã era seu refúgio. Decididamente, nada mudou.

Simon foi ao encontro marcado. Não ficou muito tempo. Voltou rápido para casa, feliz porque seu voto da infância – casar-se com Lily – não se tinha realizado, e assustado com o que tinha visto: uma mulher, ainda alta, mas agora pesada, autoritária, ranzinza, que, depois de pronunciar algumas palavras de compaixão sobre seu "pobre irmão", só se animou ao falar do banco onde ela era a "todo-poderosa".

Estava para sempre destruída a frágil graça da jovem Lily, para sempre sepultada, sob uma lápide, a praia de areia de Trouville, que lhes parecia infinita na maré baixa.

Inventário *ante mortem*

Ele tinha chegado a uma idade em que já não podia confiar muito na própria memória. Temia que, com o passar do tempo – e como o tempo passa depressa quando a gente envelhece! –, um dia apagasse o outro e, ao apagá-lo, fosse o prelúdio de seu próprio desaparecimento.

Então ele anota, num caderno especial para isso, tudo, ele não ousa dizer: tudo o que lhe acontece – porque não lhe acontece muita coisa, a esse velhote que tanto gostaria de não estar afastado demais de sua ardente juventude, de sua infância querida –, ele anota os livros que leu, os filmes que de vez em quando vai ver, os endereços de restaurantes recomendados pelas revistas, que talvez algum dia vá conhecer, mas, sozinho, não tem muita graça.

Esse homem é um de meus antigos professores. Ele me ensinou muito e, principalmente, me transmitiu o gosto pela literatura, que nunca me abandonou. Continuo fiel a ele, e vou visitá-lo muitas vezes, na rue Férou.

A última vez que o vi, faz hoje uns vinte anos – devo

ter hoje mais ou menos a idade que ele tinha na época –, ele mencionou seus cadernos:

— Neles escrevo, não vou dizer que seja o que faço de meus dias, porque, desde que me aposentei, faço parte, no sentido literal do termo, da população de inativos, e, desde o falecimento de minha esposa, perdi o gosto pelas viagens. E de fato, querido amigo, eu me tornei assustadoramente sedentário. Então, faço o rol de minhas leituras e releituras; os livros são minhas viagens particulares, as mil vidas que não vivi, os países nos quais nunca me aventurei. Alguns dias, e não me orgulho disso, me acontece de anotar simplesmente a temperatura ambiente, a cor do céu.

"Não sei o que representa isso, que se poderia chamar de mania. Talvez o desejo de deixar marcas, mesmo irrisórias, de minha passagem sobre esta terra. Mas não tenho ilusões: meus cadernos, que estão empilhados em desordem nas gavetas da escrivaninha, essa mesma escrivaninha na qual, há muito tempo, eu corrigia suas lições, meu jovem amigo, esses cadernos irão direto, e bem depressa, para o cesto de lixo.

Ele não era esse tipo de pessoa que tem prazer nas lamentações e nos dão uma urgente vontade de fugir. Também não expressava arrependimentos, nem cedia a qualquer tipo de nostalgia, limitava-se a constatar sua condição atual, sem tristeza aparente. Quem ficava triste era eu.

Essa conversa sobre os cadernos me lembrou esses inventários de móveis, de objetos, de louças – não se pode esquecer nada! – feitos em relação a heranças. Mas ele, o meu velho professor, não tinha herdeiros.

Apertamos as mãos, mais calorosamente, creio, do que das outras vezes, e eu fui vagar pelas minhas ocupações. Vagar, sim, é exatamente isso que eu fazia, como se minhas atividades só servissem para preencher algum vazio.

Três meses depois, voltei à rue Férou. A zeladora do prédio me contou que meu amigo tinha falecido subitamente.

— Morreu dormindo, não sofreu. O senhor sabe, vou sentir falta do professor. Ele muitas vezes passava um tempo comigo na portaria. Papeávamos, tomávamos um café.

Contou-me que ela e o marido tinham fugido do Chile quando Pinochet tomara o poder.

— Tivemos de abandonar tudo, nossa família, todos os nossos bens, o país que era nosso há muitas gerações. Meu marido não aguentou, morreu pouco depois de chegarmos à França, e foi assim que vim parar nesta portaria. Quando eu estava de moral baixo, o professor sempre aparecia. Era um homem bom, o senhor sabe.

— Eu sei.

— Tome, ele deixou isso para o senhor.

Ela pôs em minhas mãos um pacote pequeno, embrulhado em papel pardo. Com uma etiqueta colada por cima: "Para entregar ao meu velho aluno, quando chegar o dia".

Ao me deixar, a zeladora repetiu:

— Era um homem bom. Não posso dizer o mesmo de todos os inquilinos deste prédio.

Inquilinos. Que sejamos apenas simples inquilinos de nossas vidas breves, aleatórias, comandadas pelos caprichos do acaso, todos sabemos, salvo aqueles que abusivamente se acreditam proprietários. Mas ouvir da boca da zeladora essa palavra *inquilino* a respeito de meu amigo foi, para mim, como uma revelação.

Eu me lembrei daquele ano do colégio em que ele nos apresentou e nos fez ler os grandes autores que ele amava. Ele não esmiuçava suas obras, não fazia muitos comentários. Apagava-se diante das obras. Era depositário delas, o inquilino provisório. Tenho certeza de que ele também jamais se sentiu proprietário das mulheres que certamente conheceu.

Como a zeladora, eu logo tinha reconhecido nele um homem generoso, extremamente bom – qualidade que não é necessariamente incompatível com a inteligência... – e, acima de tudo, desprovido de ilusões. Tinha a impressão, bastante absurda, de que desde o momento de seu nascimento ele não tivera ilusões sobre o mundo e sobre si mesmo, que tinha considerado o simples fato de nascer como um acaso, e que morrer não seria um drama.

Ele não me transmitiu apenas seu amor pela literatura. Eu lhe devo certa ausência de ilusões, o que nos salva de ficar muito decepcionados pelo fracasso de nossas expectativas, deixando intacto, ou até reforçando, nosso amor pela vida.

Decididamente, eu amava muito meu velho professor.

Voltando para casa, demorei para abrir o pacote. No fim das contas, mesmo que os cadernos me tivessem sido legados, eles, na origem, não tinham sido destinados a mim. Depois de alguns dias, decidi-me a folheá-los, temendo descobrir alguma coisa demasiado íntima. Mas não. Com sua escrita delicada, meu amigo indicava ali, como me tinha antecipado, os títulos de livros, de filmes dos quais tinha gostado, acrescentando a cada um, velho hábito de professor, uma nota. Muitos desses filmes e livros eu tinha visto ou lido, e isso fez eu me sentir próximo a ele. Aqui e ali apareciam nomes de mulheres, alguns reapareciam insistentemente, mas não havia nota alguma ao lado desses nomes! Sim, esse homem tinha amado as mulheres, tinha sido amado por elas. Em alguns lugares também ele fazia anotações sobre minhas visitas, comentando o prazer que lhe davam, e senti lágrimas nos olhos: por que essas visitas tinham sido tão espaçadas? Algumas palavras também sobre os momentos passados com a zeladora: "Essa exilada é como uma irmã pra mim".

No caderno mais recente, uma página tinha por título: "Primeiras emoções". Hesitei em adentrar esse tópico. Estranha, tocante a necessidade desse homem idoso, tão próximo do fim, de rememorar o que chamava, de uma maneira um tanto antiquada que lhe caía bem, de suas "primeiras emoções".

E então, surpresa: a primeira dessas emoções era, com algumas poucas variantes, aquela que eu tinha vivido na infância. Eu estava na sala de espera da clínica onde meu pai tinha acabado de passar por uma cirurgia grave. Eu compreendia – mas será que compreendia? – que daquela ele não sairia vivo. Ele me tinha dito, diante da intensidade de sua dor: "Estou fodido", antes que a ambulância viesse buscá-lo.

Sentado diante da minha tia, vi passar o cirurgião de roupa branca, que não parou; depois um padre de batina negra dirigiu-se com passos firmes ao quarto ocupado por meu pai. Então comecei a soluçar, eu tinha realmente compreendido. Para me consolar, minha tia me pegou no colo, me apertou contra si.

Senti a suavidade, o calor de seus seios, um arrepio que eu nunca sentira antes percorreu todo o meu corpo. Não sei se minha tia percebeu, mas ela me segurou bem junto dela. Quinze minutos mais tarde, um enfermeiro veio me buscar e entrei no quarto de um morto, de um pai que eu amava mais do que tudo no mundo.

Foi só anos depois que compreendi que essa "primeira emoção" colocava, lado a lado, uma excitação sexual, sob o véu da ternura, e a presença da morte.

Meu amigo relatava em algumas palavras um episódio muito semelhante. Ele também, o que eu ignorava, tinha perdido o pai mais ou menos na mesma idade que eu, perto dos 10 anos. Ele também tinha sido levado ao hospital no último momento. A ele também uma jovem tinha tentado consolar, apertando-o ternamente contra si, não era uma tia, mas uma enfermeira. Ele também tinha conhecido, nesse breve instante que não tinha sido esquecido, uma emoção bastante particular.

Será verdade que há uma geração me separando do meu amigo? Já não vou mais chamá-lo de meu velho professor, mas de meu jovem amigo.

Será um mal tão grande?

Na casa que alugamos para passar o verão havia alguns livros, deixados pelo proprietário: romances lidos na praia – ficaram alguns grãos de areia entre as páginas –, obras de políticos cujos nomes já não diziam coisa alguma a ninguém, uma dezena de romances de mistério e, surpreendentemente, o teatro de Sófocles, que tem peças que bem podem ser consideradas como inquéritos policiais.

Reli *Antígona*, a história de uma jovem rebelde que se recusa a aceitar que seu irmão não receba uma sepultura.

Imediatamente, lembrei-me de sonhos em que aparecem meus parentes mortos, meus amigos desaparecidos, pensei naquele que chamei de filho do limbo, e disse a mim mesmo que meus sonhos são como o lugar de sepultura para eles, como se assim eu retardasse o momento em que seriam reduzidos a pó.

Teria Antígona simplesmente trocado de tirano? Primeiro ele se chamava Creonte. Depois, passou a chamar-se morte.

Não quero me submeter a essa tirana. Ela se estende sem piedade sobre todos os viventes.

Há algum tempo, assisti a uma montagem de *Fedra*, na Comédie-Française. Um verso de Racine me ficou na memória: "Será um mal tão grande cessar de viver?"

São essas as palavras que eu gostaria de pronunciar, por minha vez, no dia em que... Seria minha maneira de enganar a morte, de apequenar sua vitória, seu triunfo: Crês seres a mais forte, crês me infligir uma derrota que me enlouquece de dor, tu te regozijas de antemão por mergulhar na tristeza aqueles que amo e que me amam, enquanto eu, eu declaro: tu te enganas, não és nada, e mesmo que eu só creia em parte nisso e, para ser sincero, não creia absolutamente nada, eu te declaro, e tu bem entendes, eu sei: "Será um mal tão grande cessar de viver?"

Necrologia de uma desconhecida

Era uma menina que ninguém consideraria graciosa. Uma menina gentil, que não fazia birra, obediente, calma, amada por seus pais, principalmente por seu pai, com quem se parecia. Tinha o mesmo nome, no feminino: Fernanda.

Já seu irmão mais velho tinha tudo para agradar. Numa fotografia que ela guardou por toda a vida na mesa de cabeceira, ele aparece com uniforme de aviador. Era bonito, elegante. Foi morto durante a Grande Guerra.

Ela tinha também uma irmã mais nova. Essa irmã era charmosa. Era tão "nervosa" quanto a mais velha era calma. A relação entre as irmãs sempre foi difícil. Brigavam e se reconciliavam, para logo brigar novamente, ao longo de toda a vida, que foi longa para ambas.

Na época, por volta de 1900, meninas não estudavam, sobretudo quando pertenciam a uma família da grande burguesia. O futuro delas era o casamento. A menina calma aprendeu a bordar. Também tocava harpa, e o fazia com graça. Ela jamais se separou daquela harpa. Mais tarde, sofreu por não ter uma profissão. Começou a aprender o ofício de enfermeira, encheu cadernos com sua letra aplicada, mas não foi adiante.

Aos 23 anos, ao final da guerra de 1914-18, casou-se com um tenente coberto de condecorações. Diziam as más línguas que ele a tinha desposado porque a família dela era rica. Não era verdade. Era uma mulher sensual, eles tinham prazer juntos, como testemunham as cartas encontradas após a morte dos dois.

Mas o tenente amava as mulheres. Enganou sua mulher mais de uma vez. Não há certeza de que ela tenha sofrido com isso.

Ele gostava também de jogar, e perdeu assim somas consideráveis. Os amigos diziam que, depois das duras provas pelas quais havia passado durante a guerra, ele tinha necessidade de se consumir, e de consumir sem limites, precisava "queimar sua vida", após ter conseguido escapar da morte.

A morte, que o havia poupado no "Caminho das Damas"[30] – um nome que anunciava um caminho que ele tomaria mais tarde – veio a encontrá-lo numa cama de hospital, após uma cirurgia malsucedida.

30 No original "Chemin des Dames" – alusão à região onde aconteceram sangrentas batalhas entre tropas francesas e alemãs, durante a Primeira Guerra Mundial. (N. do T.)

Com menos de 40 anos, ela estava viúva com dois filhos. O mais velho, por sua vez, foi logo classificado de "nervoso", o segundo, como ela na infância, não chamava a atenção, pois não tinha grandes caprichos; como não pedia nada, não obtinha muita coisa.

Ela sonhava com um novo casamento. Teve alguns pretendentes, que apresentou aos filhos. O mais velho não gostou deles, o caçula não formulou objeções. Ela não insistiu. Declarou que um casamento prejudicaria os meninos. Na verdade, não queria que outro homem se colocasse entre ela e o mais velho, que era seu preferido.

As crianças cresciam. Não tinham saído da casa da mãe, mas chegou o momento em que se emanciparam. Um alugou um quarto perto da faculdade em que estudava, o outro, o mais velho, foi para a Inglaterra com um amigo.

A mãe se viu sozinha. Tinha alguns amigos fiéis, mas os dias se tornaram longos. Partidas de bridge, algumas compras inúteis no magazine Trois Quartiers não eram o bastante para preenchê-los. Então, à noite, ela saía, ia a um desses cabarés onde se apresentavam cantoras, e voltava para casa o mais tarde que podia. Numa dessas noites, ela encontrou uma mulher, também viúva, de quem se tornou companheira. Uma nova vida se abria para ela.

Comprou uma casa no campo, uma casa grande demais para essas duas mulheres. Muitos aposentos, cuidadosamente mobiliados, ficaram desocupados. De vez em quando os dois filhos apareciam, nunca ao mesmo tempo – estavam brigados, como ela e a irmã.

Mesmo durante esse período, ela continuava preocupada, irritava-se com qualquer coisa: o telheiro não tinha vindo reparar uma goteira, o mecânico demorava para consertar o carro. Então, ela vagava pelas aleias do jardim com passos curtos, carrancuda, como se a qualquer momento fosse aparecer um inimigo invisível; sentia-se pronta para enfrentar o dia seguinte que, com certeza, não lhe reservava nada de bom. Mas ela saberia combater a má sorte.

A companheira, uma mulher vigorosa, pegou uma tosse incontrolável.

— Uma bronquite, nada de alarmante — disse o médico da cidade vizinha. Àquela bronquite, seguiu--se outra. A consulta a um médico de Paris foi, essa sim, alarmante. A doente foi operada. A doença não cedeu. Alastrou-se.

Quem mais lutou não foi a doente, que parecia pouco a pouco resignar-se com o que a esperava. Foi a preocupada, a teimosa, que daria qualquer coisa para salvar a companheira. Mas foi a morte quem ganhou a batalha.

Depois disso, a mulher de quem falo perdeu totalmente a razão de viver. Tudo veio abaixo. Ela vendeu a preço vil a casa grande demais, instalou-se dessa vez num apartamento minúsculo, que ainda assim considerou grande demais para ela, reduzida a tão poucas coisas. Seus filhos, cada um por sua vez, vinham visitá-la, tentando distraí-la, cada qual à sua maneira. Eles falavam da sua vida atual, ela mal os ouvia. Evocavam o passado, aquele dos seus primeiros anos, o que não lhe dizia nada, ou então ela os corrigia:

— Não, você está enganado, não foi nesse ano; não era Eugène, era Louis.

Não: a palavra de que ela mais gostava, que pronunciava com energia, a mulher teimosa. Dizia não à memória, não ao mundo exterior, um "não" generalizado. Ela só tinha a recusa. Não estava desequilibrada, não estava louca naquela época, mas encerrada em um silêncio hostil; tinha saúde perfeita, talvez ela preferisse não estar tão saudável, tinha vergonha de sobreviver.

Levou um tombo ao sair da banheira. Não se recuperou bem. Mal conseguia andar. Não levantou mais da cama. Uma cuidadora ficava com ela durante o dia, outra durante a noite. Nos últimos tempos, ela chamava não se sabe quem, aos gritos. Alguns inquilinos reclamaram:

— É insuportável, é preciso que a mandem para uma casa de repouso ou para um asilo de velhos.

Mesmo em seu declínio, continuava vaidosa: penteado impecável, camisola de cetim. Saboreava com prazer os pequenos pratos que faziam para ela. Recusava-se a decair. Aos olhos de seu irmão aviador, abatido em pleno voo, aos olhos de sua companheira, derrubada pela doença, aos de seu filho predileto e talvez também aos do caçula, com quem sempre poderia contar, como ela mesma disse.

Essa bela mulher, que não era bela e sabia disso, foi uma bela defunta.

A menina sem graça, a mocinha com a harpa, a mulher sensual e enganada pelo seu tenente mulherengo, a viúva com dois filhos, o nervoso e o sensato, a solitária que encontrou e perdeu sua companheira, a mulher idosa em seu declínio, a bela defunta, essa poderia ser minha mãe. Não foi o caso. Em alguns traços, ela se parece com minha mãe. Modifiquei a maior parte deles.

De início, meu objetivo era redigir uma espécie de notícia seca, um informativo que só trataria de fatos objetivos, como esses obituários que os jornais publicam quando morre alguém conhecido.

Não consegui. Tenho dela imagens, mais que diversas, opostas. Às vezes vejo nela uma mulher dominadora, dura a ponto de se mostrar cruel. Às vezes eu a vejo excessivamente infeliz, em busca de ternura, e me comovo... Precisei inventar uma mãe ao mesmo tempo próxima e diferente da minha.

Minha mãe está presente em todos os meus livros. Às vezes eu a invoco diretamente, chamo-a pelo nome; outras vezes, mais frequentes, ela aparece sob a forma de ficção. São livros dos quais ela não leu sequer uma linha, e que sem dúvida lhe foram destinados, para que a comovessem, para que ela ouvisse a voz de seu filho que não sabia lhe falar, para que ela descobrisse aquele de quem sabia tão pouco e, sobretudo – era uma expectativa minha impossível de satisfazer, absurda –, para que ela revelasse ao menos um pouco de sua verdade oculta. Ainda hoje, no fim da vida, dir-se-ia que não renunciei a isso.

Minha mãe, essa desconhecida.

Entre mim e ela, o primeiro desentendimento, o primeiro de meus encontros frustrados, na origem de todos os outros.

Núpcias de verão

Pare, já basta: os abandonos, os adeuses, o declínio, os mortos; basta de decepções, de renúncias, de desentendimentos, de divergências, de rupturas, de divórcios. Existe ainda assim outro tempo, além do tempo das separações.

Foi no verão passado. Um casamento, de Anne e Bruno. Eles tinham se apaixonado muito depressa, tinham vivido juntos por algum tempo, depois decidiram se casar. Ninguém lhes perguntou por quê. Tinha sido escolha deles, vontade deles, desejo deles.

Breve passagem pelo cartório do bairro. Nada de igreja, nada de cerimônia. Mas uma festa no campo, na região de Beauce.

Uma grande mansão toda branca, árvores frutíferas no jardim, a perder de vista campos de trigo ainda não maduro. Muitos convidados: jovens, menos jovens, idosos. Médicos, jogadores de futebol, estudantes, ricos, outros sem um puto. Comida e bebida à vontade.

Um pequeno recital de canto, dado pelo irmão da noiva: melodias de Gabriel Fauré, algumas *Lieder* de Schumann, uma ária das *Bodas de Fígaro*. Breves leituras de poemas celebrando o amor: Ronsard, Éluard. Danças até o amanhecer. A noiva encantadora em seu vestido branco; o noivo comprou, para a ocasião, um terno azul-noite, com riscas finas.

Conversas animadas entre pessoas que não se conheciam; alguns chatos contumazes divertindo-se como loucos. Crianças rindo, nenhuma gritando. E como, parece, acontece muitas vezes nos casamentos, formam-se pares que se afastam discretamente. Será pelo espaço de uma noite, por muito tempo, para sempre? Não importa.

Núpcias, uma palavra que faz sorrir. Não faz mal, eis-me feliz, mais do que feliz, encantado, como se eu tivesse não só participado da celebração do amor – sim, existem amores felizes – mas também de outras bodas: aquelas da terra e do sol, pois aquele dia estava radioso, aquelas do dia e da noite, da realidade e do sonho. E eu, que tendo a não acreditar na fraternidade humana, tenho a súbita convicção de que os homens poderiam se entender entre eles, os adversários poderiam se reconciliar, as gerações, se aproximar; naquele dia, naquela noite, acreditei que os homens e as mulheres têm um único desejo: se unir. Eu me recuso a pensar que esse momento de graça seja efêmero, eu queria que fosse atemporal.

Por pouco não faço o elogio do acordo perfeito, da harmonia.

O *happy end*, sei bem, é bom apenas para os romances água com açúcar, como os publicados pela Harlequin, ou para as comédias românticas, de que tanto gostava a pequena Alice.

Pouco importa, é assim que desejo terminar este livro, que dedico a ela, no singular.

Título ELAS

Equipe editorial LINDSAY GOIS E LOURDES MAGALHÃES

Preparação de textos CLARISSA PEIXOTO

Revisão LINDSAY GOIS

Tradução LÍDIA R. ARATANGY

Foto de capa UCHA ARATANGY

Projeto gráfico e diagramação DEBS BIANCHI | BIANCHERIA DESIGN

Dados Internacionais de Catalogação na Publicação (CIP)
(Câmara Brasileira do Livro, SP, Brasil)

Pontalis, Jean-Bertrand, 1924-2013.
Elas / J.-B Pontalis ; [tradução Lidia
Rosenberg Aratangy]. -- São Paulo : Primavera
Editorial, 2015.
Título original: Elle.
ISBN 978-85-61977-68-9
1. Escritores franceses 2. Filosofia francesa
3. Psicanálise 4. Reflexões I. Título.

14-04075 CDD-848

Índice para catálogo sistemático:
1. Escritores franceses : Reflexões 848

PRIMAVERA
EDITORIAL

Av. Queiroz Filho, 1700 Vila B 37
05319-000 – São Paulo – SP
Telefone: (55 11) 3031-5957
www.primaveraeditorial.com
contato@primaveraeditorial.com

Elas

Foi impresso em São Paulo pela
Intergraf para Primavera Editorial
em Setembro de 2015

Fonte utilizada: Garamond